# 从结绳记事到
# 数字经济时代

刘 彦 ◎著

中国商业出版社

图书在版编目（CIP）数据

从结绳记事到数字经济时代 / 刘彦著. -- 北京：中国商业出版社, 2021.9

ISBN 978-7-5208-1720-2

Ⅰ.①从… Ⅱ.①刘… Ⅲ.①信息经济—研究—中国 Ⅳ.① F492

中国版本图书馆 CIP 数据核字 (2021) 第 157895 号

责任编辑：包晓嫱　佟 彤

中国商业出版社出版发行
010-63180647　www.c-cbook.com
（100053 北京广安门内报国寺 1 号）
新华书店经销
香河县宏润印刷有限公司印刷

\*

710 毫米 ×1000 毫米　16 开　12.5 印张　195 千字
2021 年 9 月第 1 版　2021 年 9 月第 1 次印刷
定价：58.00 元

\*\*\*\*

（如有印装质量问题可更换）

引言：从结绳记事到数字语言

数字经济是不同于以往任何一种经济形态的革命。

语言的诞生，是人类文明的第一次飞跃。今天，由于数字化的出现，人类产生了新的语言——数字语言。这是完全能与语言的诞生相媲美的人类文明的又一次飞跃。因为人类的文明与进步，从某种意义上来讲，就是语言传播方式的不断进步所造就的。这是笔者在书中要说明和强调的重点。

语言文字是一种信息流，语言在人类经济生活中传播的信息主要是信用。文字契约所创造的信用体系，被人类沿用了几千年。如今数字语言的诞生，将从根本上改变这种信用体系，进而将人类带入到一种新的文明。

数字语言可以说是一种技术革命，就像"结绳记事"是人类的一次技术成就一样，尽管那是一维世界的技术创新，但却让人类文明向前迈进了一大步。而人类自从有了文字语言，文明程度就与之前大不相同了。就像笔者在本书中所陈述的那样："所有动物都有自己的语言。以文字符号所表示的语言，是人类特有的文明表现。能够长时间跨空间地传播复杂信息的就是人类发明的文字，它让人类对生活经验的积累与借鉴通过集合的方式传播给隔世跨区域的后代，这一技术成就，使得人类超越其他生物的生存本能而跨越了遗传繁衍的'瓶颈'。"

此外，语言还创造了一种生物的共识，即不同地域、不同民族、不同国家，虽然语言的发音和符号表示有所不同，但人类文明间的基本共识是存在

的。冲突不是语言的不同，而是文化或者认知的不同，是没有共识而造成的。如今，数字语言又将打破这种民族与民族之间、地域与地域之间的限制。无论你是讲英语、拉丁语还是汉语，在数字语言中，任何信息都是以字节形式储存在计算机中，以光速传播于网络当中的，即0和1代表着一切。

数字经济改变的不仅是经济形态，它还会影响和改变生产关系，改变分配、消费、流通和金融，更重要的是它会改变全球的治理生态。

这也许是人类的一次自我解放。

"新的文明时代，我们必须以创新、互联、可持续性和完整性为目标，在全社会范围内重建每个组织"；"……换言之，这不只是技术互联的时代，更是一个人类、组织机构和国家之间全都互联的时代。"（Dontapscott 著，《数据时代的经济学》，机械工业出版社2016年版）

新的文明，新的语言，新的生产关系，必将产生新的管理。这必然会包括政府、企业和一切组织的重建。这需要顶层设计，而不能摸着石头过河。因此，笔者写这本书，就是为了从社会发展和人类文明进化的角度来看数字经济。数字经济是世界的未来，这是不容置疑的事实。2018年，笔者就开始从管理的角度来探究数字经济了。那一年笔者写过一篇《数字经济管理就是一场革命》的文章。笔者在那篇文章里讲过，在数字经济时代，泰勒的科学管理理论是无法适应的，必须创造一种新的管理模式。

笔者的逻辑是，语言传播方式的进步不断促进着人类文明的发展，文字契约（这种语言形式）伴随人类走过了几千年的文明，但数字语言的产生，会改变文字契约的信任机制和信用体系。因为作为数字化（语言）底层技术的区块链，把身份信任变为机器信任，区块链几乎就是一种数字形式的信任协议。"语言在人类经济生活中传播的信息主要是信用。"数字语言又何尝不是如此呢？当一种全社会的信任体系改变时，生产关系真的就会改变。围绕它的上层建筑——法律、制度、道德及文化，都会有较大程度的变革，一切组织的结构和作用也会发生变化，包括国家机器、国际组织，当然企业、社团也会如此。这种管理上的变革，必然是一种革命。

由于数字经济时代生产力的飞跃，人们的分工变得更加自主，分工的形式更加合理。群体社会的管理过程中人们对社会资源占有(或社会分配)的方式也会改变。

这就是从结绳记事到数字经济时代所要阐述的要点。

数字经济时代，人类文明将发生重大的飞跃，无论有任何不适，无论它在孕育中会产生多少频次的躁动，也无论它的出生带来的阵痛会有多么强烈，这个生命都必将诞生。

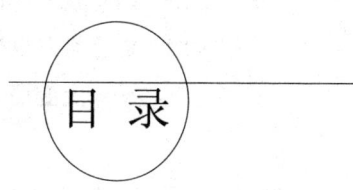

# 目录

## 第一章　信息传播是人类发展的内核 / 001

一、语言是人类信任的信号 / 003

二、文字契约诞生的信用体系 / 017

三、后现代信任——从人的信任到机器信任 / 022

## 第二章　什么是数字经济 / 029

一、从机械计算到移动计算 / 033

二、AR 技术的运用 / 038

三、云计算和云服务 / 042

四、从互联到物联 / 045

五、开启人工智能时代 / 049

## 第三章　数字经济改变了生产关系 / 055

一、经济学研究的是人，不是物 / 057

二、生产关系的四大体系 / 062

三、数字技术给传统行业带来的冲击 / 070

四、数字经济重构生产关系 / 076

五、千年大变局 / 078

## 第四章 现代流通体系构建 / 085

一、我国流通体系现状 / 087

二、供应链管理 / 089

三、如何完善现代流通体系 / 093

四、数字化是构建现代流通体系的灵魂 / 095

## 第五章 数字经济管理不仅仅是技术和经济的管理 / 101

一、数字经济管理定义 / 102

二、万里长城仅仅是建筑奇迹吗？ / 106

三、控制论讲什么？ / 108

四、从野蛮生长到初步的管理 / 110

五、一个颠覆性的变革 / 116

六、数字经济时代的管理 / 119

## 第六章 后金融文明时代 / 127

一、金融科技 / 129

二、价值互联网 / 133

三、数字货币 / 135

四、未来银行 / 143

## 第七章 社会治理与政府职能 / 151

一、社会治理新概念 / 152

二、"数字政府" / 156

　　三、不可或缺的法律 / 160

　　四、大数据与用户隐私权保护 / 164

　　五、区块链将改变造假行为 / 167

## 第八章　数字经济时代的文化传播 / 171

　　一、经济文化的价值 / 172

　　二、经济文化的基本内涵 / 175

　　三、共享是数字经济发展的趋势 / 176

**参考文献 / 185**

**感　谢 / 187**

# 第一章
## 信息传播是人类发展的内核

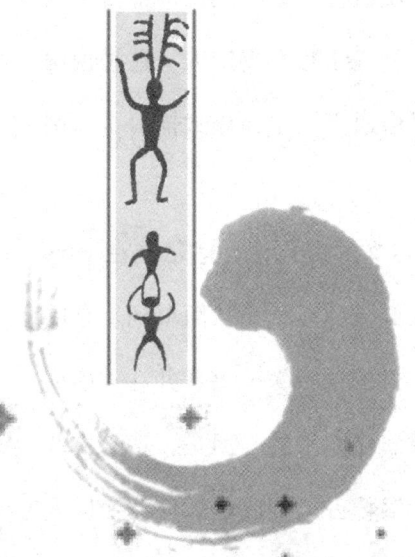

美国著名的数字家、信息论的创始人克劳德·艾尔伍德·香农（Claude Elwood Shannon，1916—2001）说过这样一句话："构成宇宙的基础是信息。"当然，对于他的这句话，我们可以不必太当真；但如果说信息或者信息的传播方式是创造和改变我们这个世界文明的基础，则是千真万确的。因为事实已经证明，每一次信息传播方式的改变，都会对人类文明产生深远的影响。比如，从语言的诞生到结绳记事，从刻在黏土和岩石上的符号到刻在龟壳及兽骨上的文字，从竹简到纸张的发明，从活字印刷到数字语言等，每一次传播方式的微小改变，都蕴含着人类智慧的结晶，都是世界文明的一大进步。当然，所有的传播方式，所有的改变，所有的文明，都是以人类为主体的。

而关于人类的起源，则有着不同的传说与科学论证。

第一种说法来自《圣经》。根据《圣经》的记载，上帝用七天时间制造出了世界的雏形，而人类是上帝在第六天根据自己的样子制造出来的。在科学还没有发展之前，西方社会持这种说法的人比较多。

第二种说法来自中国民间的神话传说。据说盘古开天辟地后，他身上的虫子就变成了地上的黎民百姓。当然，还有一种说法是女娲造人，这种说法最早见于《山海经》和《楚辞》中，并在《风俗通义》中，正式描写了女娲造人的事迹。

第三种说法来自19世纪英国生物学家达尔文的进化论。达尔文在1859年出版的《物种起源》一书中，阐明了生物从低级到高级、从简单到复杂的发展规律。1871年，他出版了《人类的起源与性的选择》一书，并在书中列举了许多证据，说明人类是由已经灭绝的古猿演化而来的。但是，达尔文并没有认识到人和动物的本质区别，也未能正确解释古猿到底是如何演变成人

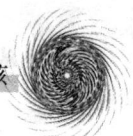

类的。

第四种说法来自最新的科学研究。美国芝加哥大学生物学家迈克尔·科茨教授认为,人类是从一种3亿多年前漫游在海洋中的史前鲨鱼进化而来的。根据迈克尔·科茨教授的研究发现,这种名为棘鱼属的原始鱼类,是地球上包括人类在内的所有有颌类脊椎动物的共同祖先。

然而,到目前为止,关于人类起源的诸多说法和解释,仍然没有哪一种学说,能够完全让所有人信服和接受。但有一点是大家一致认可的,那就是人类在发展的过程中,信息传播起到了极为重要的作用。

# 一、语言是人类信任的信号

人类用声音表达和传播信息,声音直接从人类的口中发出,是人类首先最可信任的部分,如同气息,是人类首先相互认同的标志,这起源于婴儿对母亲的认同。比如,我们在原始森林里,有声音传来时,首先判断的是同类还是异类,如果是人发出的声音,那就不用担心;在确认了是我们同类之后,再确认彼此之间是不是认识,有没有共同的语言。因为只有拥有共同的语言,我们才能相互信任,才能彼此交流,才能传播信息。

## (一)语言是人类最早传播信息的方式

我们可以把语言理解成信息的一种传播(流动)方式。语言是生物同类之间由于沟通需要而制定的具有统一编码解码标准的声音(图像)指令。而

传播是指两个相互独立的系统之间,利用一定的媒介和途径所进行的、有目的的信息传递活动。

人类传播史上的第一次革命,就是创造了语言。而人类的语言,从产生到真正的运用,也经过了漫长的时期。根据菲利浦·列伯曼在《人类说话的进化》中推断:人类的远祖大约在9万年前的某个时候开始学会"说话",大约在3.5万年前的某一个时期开始使用语言。

那么,语言是如何产生的呢?对于这一点,菲利浦·列伯曼没有说,因此就有了各种各样的猜测,可谓异彩纷呈:模仿派认为,语言是人类通过模仿猪、狗、牛、羊等动物的叫声而形成的;合作派认为,语言是人类在从事某项群体的重体力劳动时,为协调动作发出的声音而逐渐形成的;情绪派认为,语言是人类在表现喜、怒、哀、乐等情绪时,偶然发出的声音而产生;歌唱派认为,语言从人类在传播感情和欢乐事件的歌声中演变而来。不过,所有的这些猜测,都没有给出能够让人信服的解释,因此每一种猜测,都饱受争议。只有恩格斯的"语言起源于共同劳动"的推测,能够让更多人接受,因此受到的争议也要少一些。

那么,人类的语言到底是怎么产生的呢?如果站在"劳动创造一切"的角度上,我们更倾向于这样的推测:人类的语言,是在劳动的过程中产生的,当然并不局限于群体的共同劳动。因为劳动的过程,不仅使人类的肢体得到锻炼,也使人类的大脑得到锻炼,也是人类积累经验、掌握知识的源泉。尤其是在制造劳动工具的过程中,不仅需要灵巧的双手和发达的大脑,还需要有足够的经验和知识。而如何将积累的经验和掌握的知识,真正运用于实践当中,仅仅依靠个人的单打独斗是无法完成的,它必须通过无数个体间的信息传递与交流来实现,而在当时,用来传播信息的最佳

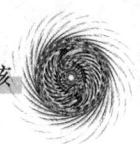

手段,就是语言。

人类创造了语言之后,语言便成为人类区别于其他动物的主要象征,并成为人类之间进行交际与传播的工具,同时成为人类认识世界和改造世界的有力武器。

据考古发现,在人类社会漫长的发展过程中,最先出现的尼安德特人,在没有任何天灾人祸的情况下,却奇怪地灭绝了;而后起的克罗马农人却成了人类最直接的祖先。至于为什么尼安德特人会无端灭绝,而克罗马农人却一直繁衍下来,有一个十分有力的推论:尼安德特人没有语言,而克罗马农人却创造了语言。正是语言,不但拯救和帮助了克罗马农人,而且使人类从此脱离了动物的信号传播藩篱,使人类的交流更直接,传播信息更方便。同时,正是因为有了语言,才使个人的经验和见闻为大家所共享,使前人的文化积累为后人所继承。而随着语言的不断发展,人类开始学会了钻木取火、草药治病、保存食物、饲养动物、耕种粮食、敬奉神祇,还掌握了知识含量很高的制陶、纺织、炼铁等技术。而如果没有语言的创造和传播,这些技能就不会获得,"社会就会停止生产,就会崩溃,就会无法作为社会而存在下去"。[1]

但是,仅有原始的语言是不够的,声音、气味的语言,传播的距离极其有限,因此人类在共同生活中,又创造了文字。

郑振铎先生在《文学大纲》一书中,对文字的发明,曾做了这样的描述:"人类渐渐地更文明了,他们因为有三种极重要的需要,使他们不能不发明一种作字的方法。一,有许多事情,如果遗忘了便会发生危险,所以不能不记录下来。二,他们的亲友或其他人住在很远的地方,有常常交换他们的意

---

[1] 邵培仁:《论人类传播史上的五次革命》,载《中国广播电视学刊》1996年第7期。

见和情思的必要,又不能不有一种传达的方式。三,一个人所有的财产,如器具、家畜之类,不能不有一种记数的方法,以免被人窃取,于是才智特出的人便发明了作字的方法。"

实际上,最初的文字,并不是我们今天所看到的刻在某种物体上的字体,而是用某种物体创造出来的符号,比如结绳记事等,都是文字的雏形。

## (二)结绳记事是人类的一种契约

在汉语中,许多群体合作的事务,几乎都用"结"字做定语,比如,结义、结社、结拜、结盟、团结;还有结亲、结发、结婚、结合、结姻,等等。建立在"结"的前提下的"义""社""盟"等,说明了"结"是对"义""社""盟"等进行约束的契约。再如,男女的定情物"同心结",虽然是两人同心,但多了一个"结"字,就意味着两个人是有盟约的,这个盟约,就是两个人不但"同心",而且"同德",在"同心同德"的基础上,两个人才能修成"正果",也就是我们平常所说的"结果",然后有了"结晶"。因此,这个"结果"和"结晶",绝对不是偶然发生的,而是一种必然,只是这个必然,需要一定的因缘际会,才能真正形成。也就是说,先有一个"因",再加上一个"缘",最后才能产生"果"。如果只有"因",而没有"缘",那么这个"果"是无法成熟的,比如俗话所说的"种瓜得瓜,种豆得豆",这种说法,从理论上来讲,当然没有问题,但真实的情况却是,种瓜却未必得瓜,种豆也未必得豆。为什么呢?因为种了瓜和豆之后,还需要施肥、浇水、除草等一系列工作,最后才能得到瓜和豆,如果没有中间这个环节,那么种子可能还没有发芽就已经烂掉了,怎么会得到瓜和豆呢?

由此可知,从"因"到"果",需要十分关键的一步,就是"缘",如果没有"缘","果"就永远不会成熟。而这个"缘",实际上就是我们前面所说的"结绳记事"的"结"。由此,我们便不难明白,这个"结"字,实际上起到了承上启下的作用,如果没有它,就会导致上下不通,使信息无法得到传播,使文化出现断层。因此,"结绳记事"实在是人类传播史上的一大创举,也是人类最早的一种契约。

东晋时期著名的道家人物葛洪在《抱朴子·钧世》中,曾有这样的记载:"若舟车之代步涉,文墨之改结绳,诸后作而善于前事。"可见,结绳记事是上古人类反映客观经济活动以及数量的一种记录方式。而记录的方法,孔颖达认为"事大,大结其绳;事小,小结其绳"。同时,结绳记事除了可以记录人们生产活动的事件,也可能用来反映一种交换或者一种契约。

即使到了商朝,已经开始有了文字,人们还是习惯于采用"结绳记事"的方式来处理事务。可见,"结绳记事"作为一种契约,早已深入人们的心中,并且让人们自觉遵守这个契约。

然而,如果从进化的角度来看,人类社会的文明也还没有到来。因此,即使人类在结绳记事时代就已经有了契约精神,而且基本上解决了"温饱"问题,但人类要从物质的温饱,提升到精神的温饱,仍然还有漫长的路要走。

## (三)文字改变了人类信息传播方式

在《周易·系辞传》中,曾有这样一段记载:"上古结绳而治,后世圣人,易之以书契,百官以治,万民以察,盖取诸'夬'。"

这一段文字记载,是孔子对《周易·夬卦》的进一步解释和发挥。在传统的经典中,孔子对《周易》情有独钟,为了研究《周易》,孔子投入了很多精力。司马迁在《史记·孔子世家》中，记述孔子"读《易》，韦编三绝"；而在《论语》中，孔子更是亲口说："假我数年，五十以学易，可以无大过矣。"可见，孔子对《周易》的研究是十分深入的，所取得的成果也是十分卓著的。因此，孔子对《周易》的注解，也是比较靠谱的。

现在，我们回过头来，看看孔子在《周易·系辞传》中对"夬"卦的这段注解，大致的意思是说：在远古的时代，人们都是用结绳的办法来记录日常生活中的一些事物。后来，随着时代的变迁和人类社会的不断发展，于是就有杰出的人物发明了文字。自有了文字之后，就逐渐形成了书契，这些书契便取代了结绳记事，成为人类传播信息的主流工具，不但被官员用来处理政务，也被广大人民使用，这乃是取法于"夬"卦。

在《周易》的六十四卦中，有十二个消息卦，这十二个消息卦分别是"复"卦、"临"卦、"泰"卦、"大壮"卦、"夬"卦、"乾"卦、"姤"卦、"遁"卦、"否"卦、"观"卦、"剥"卦和"坤"卦，其中从"复"卦到"乾"卦是阳长阴消之象，也就是阳气逐渐增长，阴气逐渐消散；从"姤"卦到"坤"卦，则是阴长阳消之象，也就是阴气逐渐增长，阳气逐渐消散。而从"夬"卦的卦象（）来看，正是处在阳气强盛，阴气微弱的阶段。此时，用五个阳爻来决断一个阴爻，并不是一件很难的事；但要做到决而和，就需要颇费口舌，并通过书面语来表达。其实，如果我们将"夬"卦拆开来看，上卦为"兑"卦，兑为口，也就是语言之意；下卦为"乾"，乾为天，有刚健之意。

于是，从整个"夬"卦来看，五个阳爻虽然占了绝对的优势，而且拥有主动权，想要将仅剩的一个阴爻决去，并不是一件难事，但要做到让这个阴爻心悦诚服，就需要进行多方的安抚，包括语言的安慰，甚至需要昭告天下。那么，如何昭告天下呢？这时就需要文字，而不是结绳记事了，因为要想将事情的来龙去脉讲清楚，并且让天下人都知道，只有文字能够胜任。

可以这样说，文字的产生，是人类传播发展史上的第二座里程碑，也是人类进入文明社会的标志。如果说语言的产生，使人类彻底摆脱了动物的状态，那么文字的出现，则使人类进入了一个更高的文明发展阶段。

文字与语言的不同在于，它基本是一种改变了的语言形式，使听觉符号转变为视觉符号，并使有价值的信息得以保存。同时，文字的出现，对于信息的传播，还有如下几种优势。

**1. 跨越了时空**

文字的出现，使人们在信息传播的过程中，不再受到时间和空间的限制，大大提高了传播的广度和范围。因此，许慎在《说文解字》的序言里，对文字的出现，进行了毫不吝啬的赞叹："文字者，经艺之本，王政之始，前人所以垂后，后人所以识古。"的确，文字的发明，不但使古人的经验得以记录下来，也使有价值的文献得以保存。今天，我们能够了解历史，并学习到古人的智慧，这就是文字的功劳。因此，正是因为有了文字，才使信息的传播，真正超越了时空。

尤其是在跨越时间上，文字的发明解决了人类文明的传承问题，所有动物都有自己的语言。而从口头语言转变为书面语言，则是人类特有的文明表现。能够长时间、跨空间传播复杂信息的，就是人类发明的文字，它让人类的生活经验，以文字的方式积累下来，以文字的方式传播出去，以文字的方式进行分享，以文字的方式进行借鉴。因此，正是文字的发明，使得人类超越其他动物的生存本能，跨越了遗传繁衍的"瓶颈"。同时，文字的出现，也使得个人的财富以契约的形式被继承，促进了人类经济的延续和发展。比如，人类最早刻在岩石上的文字符号，应该就是最早的文字契约。

### 2. 记录更加准确

在文字没有出现之前,信息的传播基本上只能依靠语言,也就是人与人之间口耳相传、心记脑存,这样既不能"通之于万里,推之于百年",也不能保证信息在传播中不被扭曲、变形、重组和丢失。而文字的出现,使得信息的记录更加准确,而且不再转瞬即逝,不再只是单纯地依赖人类的有限记忆力进行储存,而是通过文字的记录,让这些有价值的信息长久地保存下来。另外,文字的出现,也使得人类文化的传承不再依赖民间的神话和传说,而是有了确切可靠的资料和文献依据。

### 3. 信用契约化

公元前208年,刘邦率领大军攻入关中,然后将部队驻扎在灞上。此时,仅仅当上秦王46天的子婴,见秦朝大势已去,便向刘邦投降。至此,曾经不可一世的秦朝宣告灭亡。刘邦接受子婴的投降后,便按张良的意思,下令封闭王宫,只留下少数士兵保护王宫和藏有大量财宝的库房,自己则仍然住在灞上。为了赢得民心,刘邦把关中各县的父老和豪杰召集起来,然后郑重地向他们宣布道:"秦朝的严刑苛法,把大家都害苦了,应该全部废除。现在,我和大家约法三章,不管是谁,都要遵守这三条法律:第一条,杀人者要偿命;第二条,伤人者要抵罪;第三条,偷盗者要判罪。除了这三条,就没有其他的法律了。"刘邦宣布完这个约法三章之后,在场的父老和豪杰都表示十分拥护。接着,刘邦又派出大批人员,到各县各乡去宣传约法三章。百姓们听了,也都热烈拥护,纷纷取了牛羊酒食来慰劳刘邦的军队。由于刘邦坚决执行约法三章,得到老百姓的信任、拥护和支持,最后取得天下,建立了西汉王朝。

在这个案例中，刘邦用口头宣说的约法三章，之所以能够得到百姓们的拥护，那是因为百姓们"苦秦久矣"，而且当时正处在秦朝灭亡之后，新的朝代还没有建立起来的特殊时期。然而，等到大汉王朝真正建立起来之后，仅仅依靠约法三章，已经无法治理国家了，因此还得需要重新制定法律和制度。而要建立起完善的法律和制度，那就不是口头宣说那么简单了，必须有深厚的文字功底才行。

于是，文字的产生，也使得人类的信用体系得以契约化，将上下级之间、合作者之间、买卖者之间等各种关系的权利和义务，通过文字的方式确定下来。

## （四）人类信息传播史也是一部文明发展史

人类文明的每一次飞跃，都是随着信息传播工具的改变而发生的。从人类社会发展的历程看，人类信息的传播史，就是人类在生产和交往活动中，不断创造和更新传播工具的过程，而这个过程，也是人类从野蛮到文明的过程。因此，人类信息的传播史，实际上就是一部人类文明的发展史。

语言的产生，标志着人类从普通动物变为高等动物，更为重要的是，人类从此彻底摆脱了动物传播状态；而文字、印刷、互联网等体外化信息系统的形成，则意味着人类传播的能力不断拓展，效率也不断提高。当然，体外化信息系统的发展，也经历了功能分化和多样化的过程，比如视觉系统、听觉系统、保存和记忆系统、处理和传输系统、私人信息系统和公共信息系统，等等；从媒介而言，则有信件、书籍、报刊、电话、广播、电视、传真、计算机、人造卫星，等等。从20世纪50年代以后，这些分散的媒介系统在各自的领域都得到了充分的发展，功能也越来越强。

其实，如果仅仅从信息传递和沟通的角度而言，信息传播的功能并不是人类所独有，而是大自然共同的一种现象。而且，动物世界里的信息传播现象，同样丰富多彩，因为每一种动物的个体和群体都有独自的信息系统，而传递和接收信息的方式与手段，更是多种多样。根据目前已知的研究成果，动物主要通过气味、发光、超声波、动作、声音等方式来传递信息。实际上，每一种能够生存到现在的动物，都具备了相对发达的信息系统，否则在"物竞天择，适者生存"的规律面前，早就被淘汰了。

实际上，动物所拥有的信息系统，在某些方面甚至远远超过了人类，比如在地震发生之前，人类并没有预知的功能，但很多动物却能够提前知道。尽管如此，动物在信息传播方面，与人类相比，仍然不可同日而语。因此两者之间，在传播的方式上，有着本质的区别。这些区别主要表现在两个方面：一是动物所拥有的信息系统，是先天带来，其能力更多地取决于体内的信息功能和遗传基因，而不是后天学习的结果；二是动物在传递和接收信息上，主要取决于条件的反射。也就是说，动物对信息的传播和接受，只是对环境的一种被动的适应，而不能主动对环境进行创造性的改造，也不能通过学习，让自己掌握更高效的传播技能。

而人类在拥有了语言之后，也就意味着人类对信息的传播方式，彻底从动物传播状态中脱离出来。因此，从传播学的角度来说，语言的产生，是人类完成从动物传播到人类传播的根本性转变。也就是说，语言的产生是人类信息传播的开端。从本质上来讲，人类的语言主要有四种特性：一是具有超越历史时间和空间的能力，二是具有无限的灵活性，三是具有发音的经济性（用较少的词汇表达更丰富的信息），四是具有巨大的能动性和创造性。

从语言的产生，到今天的信息社会，人类在信息传播史上，也经历了一个漫长的发展过程。而信息的传播，是通过一定的媒介、手段或工具来进行的。根据媒介产生和发展的脉络，迄今为止，人类的信息传播史，主要经历了四个阶段，分别是口语传播时代、文字传播时代、印刷传播时代和电子传播时代。不过，这四个阶段并不是依次取代的过程，而是一个依次叠加的过程。

### 1. 口语传播时代

人类自会开口说话之后，对信息的传播方式，便主要以口语传递为主。也正是口语的产生，大大加速了人类社会进化和发展的进程。即使到了现代的信息社会，人类已经掌握了各种各样的传播媒介，口语依然是人类最基本、最常用和最灵活的传播手段。比如，亲子之间、朋友之间、夫妻之间、同事之间，以及各种各样的社会活动，仍然离不开口语的交流。

但是，作为音声符号的口语，在信息传播方面，其局限性也是十分明显的，这些局限性主要体现在如下两点。

第一，口语是通过人的声音来传递信息，而人体的能量是有限的，如果距离很远的话，根本没有办法将信息传播出去，更没有办法交流。

第二，在录音设备还没有出现的原始社会，口语往往是一种转瞬即逝的事物，记录性较差，因此通过口语传播的信息，只能依赖人脑的记忆力来保存，而人的记忆力也是有限的。

因此，口语的传播受到时间和空间的限制，在没有诸如电话、录音设备等媒介的情况下，口语的传播只能适用于较小规模的近距离。也正是因为这些限制，所以在文字还没出现之前，人类才发明了"结绳记事"这个方法，并以此来传播和记录信息。

### 2. 文字传播时代

虽说"人生识字忧患始"，但没有忧患的人生，也许才是最大的忧患；

而没有文字的人生,又何止是忧患呢?因此,文字的创造,对于是人类信息传播史的变革而言,可以用开天辟地来形容。正是因为有了文字,人类才进入了真正意义上的文明时代。而人类也正是因为掌握了文字,运用了文字,才在信息传播的过程中,创造了无数的奇迹,同时大大加速了人类利用体外化媒介系统的进程。

3. 印刷传播时代

我们都知道,中国古代有四大发明,分别是造纸术、指南针、火药及印刷术,而这四大发明的出现,也意味着人类的信息传播进入了印刷传播时代。尤其是中国的造纸术和印刷术广泛流传到东南亚和西方各国后,更是为推动世界文明和人类传播的发展做出了巨大贡献。

15世纪40年代,德国工匠古登堡在中国活字印刷和油墨技术的基础上,创造了金属活字排版印刷,并把造酒用的压榨机改装成印刷机。这种印刷机可以将文字信息进行机械化生产,并大量复制。因此,古登堡印刷术的出现,也标志着印刷传播时代的新纪元。20世纪末,印刷媒介已经高度普及,书籍、报纸、杂志等出版物作为人们每天获得信息、知识、娱乐的基本渠道之一,在社会生活的各个领域都发挥着重大的作用。

4. 电子传播时代

20世纪末,随着印刷媒介的高度普及,电子传播时代也悄然到来。从20世纪80年代开始,电子信息技术便悄然兴起,而且发展十分迅速,激光排版、电脑编辑、网络传输等新的传播技术,在印刷出版领域得到了广泛的应用。进入21世纪后,电子信息技术便逐渐脱离了纸质印刷,仅仅依靠电子媒介,就可以进行信息传播了。

电子传播最重要的贡献之一,就是实现了信息的远距离快速传输。电子媒介为人类传播带来的变革，并不仅仅是空间距离和速度的突破。从人类社会信息系统的发展角度来看，电子媒介还在另外两个方面具有里程碑的意义：它形成了人类体外化的声音信息系统和体外化的影像信息系统。这两个体外化信息系统的形成，使人类文化的传承内容更加丰富，感觉更加直观，依据更加可靠。

总之，电子传播时代的到来，使人类知识经验的积累和文化传承的效率与质量，有了新的飞跃。不仅如此，电子技术的发展，还推动了计算机和手机的诞生，电脑开始执行人脑的部分功能，因为电脑兼有信息处理、记忆和传输功能，在信息处理方面，速度更快、精度更高，记忆也比人脑更加牢靠。因此，电脑的出现，意味着人脑这一信息处理中枢也开始了体外化的进程。而手机更是兼具了移动电话和电脑的功能，并逐渐影响人类的传播信息和接受信息的方式与习惯。尤其是5G时代的到来，更是使人类进入了一个全新的、前所未有的信息社会。

## （五）关于数字语言

数字语言是以二进制为计算机语言基础，以智能代码（如区块链）为底层技术，以人机对话为传递方式，并以现代通信为载体，通过互联达到快速交流的一种数字信号所形成的信息流（传播方式）。这是笔者赋予数字语言的内涵。

数字语言的实质，还是以声音（符号）为物质外壳，以含义为内涵，由词汇和语法及数字视频（图像）构成并能更准确表达人类思想的指令系统。

数字语言的特征，是0和1主宰一切，人类所有交流的信息，都以字节形式储存在计算机中，以光速传播于网络当中，0和1代表着一切。在人类

历史上,就只有语言的出现能够与其媲美,语言对世界产生的深远影响不言而喻。而语言的数字化,就像当初语言的产生一样,是人类文明的又一次飞跃。这里的0和1,是指大部分计算机语言基础所采用的二进制计算方法。

数字语言超越于之前的语言文字的元素,主要表现在四个方面:一是传播的速度和广泛性,二是更加同化性的世界语言,三是人机对话或者说是机器的智能化,四是机器信用的产生。

几乎所有的国家、企业、组织和机构,不管讲的是汉语、阿拉伯语、印度语、英语还是挪威语,只要将要传播的信息转换成数学符号,那么它的传播速度和效率就能快到令人叹服的地步。

而数字语言中的基础语言的产生和发展,也经历了一个更新换代的过程。

### 1. 机器语言

机器语言是计算机的第一代语言。众所周知,二进制是计算机的语言基础。在计算机发明之初,人们只能用计算机的语言命令计算机,也就是写出一串串由"0"和"1"组成的指令序列,然后交给计算机执行,这种语言,就是机器语言。而使用机器语言是十分痛苦的,尤其是在程序出错需要修改时,就更是如此。而且,由于每台计算机的指令系统往往各不相同,因此在一台计算机上执行的程序,要想在另一台计算机上执行,必须另编一套程序,这样就导致不断地重复工作。不过,由于使用的是针对特定型号计算机的语言,因此机器语言的运算效率,也是所有语言中最高的。

### 2. 汇编语言

计算机的第二代语言是汇编语言。当时,人们为了减轻使用机器语言编程的痛苦,便将语言编程进行了改进:用一些简洁的英文字母、符号串连起来，替代一个特殊指令的二进制串，比如，用"ADD"代表加法，用"MOV"代表数据传递等。这样一来，人们很容易读懂并理解程序在干什么，纠错和维护也变得更方便了。这种程序设计的语言，就是汇编语言，也称符号语言。然而，计算机是不认识这些符号的，这就需要一个专门的程序，负责将这些符号翻译成二进制数的机器语言，这种翻译程序被称为汇编程序。汇编语言同样十分依赖于机器硬件，移植性不好，但效率仍然很高，针对计算机特定硬件而编制的汇编语言程序，能准确发挥计算机硬件的功能和特长，程序精练，质量很高，因此至今仍是一种常用的、强有力的软件开发工具。

### 3. 高级语言

在使用第一代和第二代语言的过程中，人们逐渐意识到，应该设计一种这样的语言：接近于数学语言或人类自然语言，又不依赖于计算机硬件，编出的程序能在所有的机器上通用。经过人们的不懈努力，第一个完全脱离机器硬件的高级语言——FORTRAN，终于在1954年问世。而在之后的几十年中，又有几百种高级语言出现，其中有重要意义的有几十种，而影响比较大、使用比较普遍的，主要有BASIC、LISP、Ada、C++、VC、VB、Delphi、Java等。

## 二、文字契约诞生的信用体系

笔者在本书的引言中已经说过：语言在人类经济生活中所传播的信息内

容主要是信用。文字契约诞生了人类的信用体系。而数字语言的诞生，将彻底改变人类沿用了几千年的信任机制和信任体系。实际上，这也是笔者写这本书的初衷，其目的就是通过本书的论点和论据，来说明数字经济将给人类社会带来真正的文明飞跃。

文字契约从产生到现在，已经有几千年，并由此演变出曾经的契约精神。其实，所谓的契约精神，是西方社会的说法，也是西方文明社会的信用体系。"契约"一词源于拉丁文，在拉丁文中的原意为交易，其本质是一种契约自由的理念。所谓契约精神，是指存在于商品经济社会，而由此派生的契约关系与内在的原则，是一种自由、平等、守信的精神。契约精神不是单方面强加或胁迫的霸王条款，而是各方在自由平等基础上的信用体系。

西方的契约精神源远流长，古希腊著名的哲学家、科学家和教育家亚里士多德在其伦理学中关于正义的论述，就蕴含着丰富的契约思想。当时，亚里士多德提出了交换正义的概念。所谓的交换正义，就是人们进行交易，不得损人利己，这也是交换正义的基本原则。西方社会的现代契约精神，就是从交换正义的理论中推演而来的。

而在中国，过去虽然没有"契约"这样的名词，也没有"信用体系"这样的说法，但中国的传统文化中，不但包含了契约精神，而且是建立在"信用体系"之上的。比如在儒家的"五常"中，就以仁、义、礼、智、信，作为一个人最基本的品格与德行，并贯穿于中华伦理的发展中，成为中国价值体系中的最核心因素，也就是《三字经》中所强调的："曰仁义，礼智信，此五常，不容紊。"

实际上，中国的契约早在7000年前的伏羲时代就已经有了。据《九家易》记载:"古者无文字,其为约誓之事。事大,大其绳;事小,小其绳。结之多少,随物众寡。各执以相考,亦足以相治也。"在《庄子·胠箧》中,也有这样一段记载:"昔者容成氏、大庭氏、伯皇氏、栗陆氏、骊畜氏、轩辕氏、赫胥氏、尊卢氏、祝融氏、伏羲氏、神农氏,当是时也,民结绳而用之。"可见,结绳记事是上古时期人类处理一些日常事务的方法,也是中国最早的契约。

如果从人类社会发展的角度来看,结绳记事实际上是人类智慧的结晶(社会知识),也是呈现在社会发展之中的技术革命。这一技术革命,是人类在语言(信息流)传播上一次深刻的变革,它无疑推动了上古时期的生产发展。

现今保留下来的中国最早的契约,是刻在青铜器上的距今3000多年的周代的一个契约。因此,中国并非没有契约,只是和西方的契约制度有所不同而已。

那么,为什么西方社会重视的信用,在中国儒家的"五常"里,却排在最后呢?这是因为在中国古人观念里,"仁义"已经包含了"礼智信",而"仁义"上面,还有"大道"。因此,老子才说:"大道废,有仁义;智慧出,有大伪;六亲不和,有孝慈;国家昏乱,有忠臣。"(出自《道德经》第十八章)而老子生怕人们听不懂他说的这几句话,于是又进一步说明:"失道而后德,失德而后仁,失仁而后义,失义而后礼。夫礼者,忠信之薄,而乱之首。"(出自《道德经》第三十八章)从老子的这几句话中,我们不难看出,人们之所以强调"仁义",那是因为"大道"已经废弃;人们之所以强调"信用",那是因为"仁义"已经废弃。因此,当西方人将"信用体系"纳入法律,并加以完善的时候,从表面上看,好像社会在进步,

文明在发展，但实际上，如果"大道"没有废弃，人人都讲"仁义"，"信用"便在每个人的心中，"契约"也体现在每个人的日常交往中。即使是对"罪犯"进行惩罚时，只需要在地上画个圈，就可以当作牢房，而且无须看守。这样的社会，又何必强调所谓的"契约精神"呢？又何必建立所谓的"信用体系"呢？

鉴于此，对于西方社会的"契约精神"，我们不必盲目崇拜；对于中国社会没有形成所谓的"信用体系"，我们更不应妄自菲薄。毕竟东西方文化不一样，社会发展的脉络也不一样，对于西方文化的优点，我们可以借鉴，但不必全盘西化；对于东方文化的糟粕，我们可以反省，但不应全面否定。抱着这样的心态，我们就能够对契约精神和信用体系看得更清楚、更客观、更全面。

## （一）原始契约创造的信用

语言来源于人类生存的需要，而维系人类社会的秩序是需要契约的，人类靠信息传递契约，并靠文字记录传递相互之间的信任，社会稳定要素的契约，容不得可能发生多种解释的记录，因此简单可复述再现的契约记录形式，必然能够在原始社会得到普遍适用。

其实，早期的"结绳记事"，就是契约的一种形式，比如一只羊，就打一个结；两只羊，就打两个结；一只小羊，就打一个小结；两只大羊，就打两个大结。你不能一只羊打两个结，或者两只羊打三个结，又或者一只小羊打一个大结。后来，随着文字的出现，这种契约形式就更明确，也更清晰，而且表现出来也更方便了。比如表示十只羊时，只需要写一个"十"字就可以了，而不用打十个结；再如表示小羊时，只写一个"小"字就可以了，不

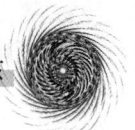

用再刻意去打一个小结。

后来,随着社会的发展,这种契约和信用,便体现在借条、欠条、买卖合同、雇佣合同、租赁合同等方面。比如,年初时,甲借给乙三担谷,到秋天时,乙要还甲一头牛,或者一头猪之类的,而这些牛和猪,甲不一定拿来之后就吃,而是当作一种商品,拿去交换其他的商品,比如布块、器具等。而在交换的过程中,也同样需要制定新的契约,比如一头牛可以换几匹布。产生货币后,所有的产品便可以通过货币来衡量其价值的大小。就像现在的国际贸易中,各个国家在进行交易时,都以美元来换算一样。这就是一种契约精神,并通过这种契约精神来建立彼此的信用关系。

## (二)信用的诞生推动了经济的发展

最古老的信用是指信任并委以重任,或者相信一个人的人品和能力,采用其所提出的建议。到了现代,信用主要依附在人与人之间、单位与单位之间和商品交易之间,并形成一种生产关系或者社会关系。信用也是介于道德和法律之间的供人使用的一种媒介。

私有制出现以后,社会分工不断发展,大量剩余产品不断出现。私有制和社会分工使得劳动者各自占有不同的产品,而剩余产品的出现,则使产品之间的交换成为可能。随着商品生产和交换的发展,商品流通出现了矛盾——"一手交钱、一手交货"的方式,由于受到客观条件的限制,经常发生困难。比如,一些商品生产者出售商品时,购买者却可能因自己的商品尚未卖出而无钱购买。于是,延期支付(赊销)的方式便应运而生。而一旦出现了延期支付,就意味着卖方对买方未来付款承诺的信任,意味着商品的让渡和价值实现发生时间上的分离。这样,买卖双方除了商品交换关系之外,

又形成了一种债权和债务关系，即信用关系。当赊销到期、支付货款时，货币便不再发挥其流通手段的职能，而只充当支付手段。这种支付是价值的单方面转移。正是由于货币作为支付手段的职能，使得商品能够在早已让渡之后独立地完成价值的实现，从而确保了信用的兑现。整个过程实质上就是一种区别于实物交易和现金交易的交易形式，即信用交易。

作为支付手段的货币本身也加入了交易过程，出现了借贷活动。从此，货币的流通和信用关系联结在一起，并由此形成了新的体系——金融体系。而金融体系的形成，更是为现代经济注入了新的血液。

### （三）现代信用体系的形成

现代信用是以生产性为基本特点的信用方式，其基础是商业信用。其实，不管是发达国家，还是发展中国家，债权和债务关系都是普遍存在的，但由于一些人见利忘义，从而导致了信用的缺失。比如信贷违约、企业财务造假等，这些失信的现象，加大了社会管理和经济运行成本，衍生和放大金融风险，影响市场作用的正常发挥和经济社会整体效率。因此，建立现代信用体系，便成为执政部门重中之重的任务。

## 三、后现代信任——从人的信任到机器信任

笔者这里所说的后现代信任，借助了后现代主义这个概念，用以表示"最新潮的""走在时代尖端的"喻义。笔者这里讲的是后信任主义时代，就

是最新的一种信任。

所谓的后现代信任,就是从对人的信任,转到对机器和数字的信任。它借助的就是我们称之为数字经济底层技术或者引擎的区块链技术。区块链的一大特点是去"信任化",从信任的角度来看,区块链实际上是用数学方法解决信任问题的产物。在区块链技术中,所有的规则事先都以算法程序的形式表述出来,人们完全不需要了解交易方的品德,更不需要求助中心化的第三方机构来进行交易背书,而只需要信任数学算法就可以建立互信。区块链技术的背后,实质上是算法在为人们创造信任,达成共识背书。

区块链技术被认为是继蒸汽机、电力、互联网之后,下一代颠覆性的核心技术,它将重新定义金融业。

区块链的最大革命,是通过 Proof-of-work 算法,而不是某个中心机构,实现商业交易的信任。人们不再需要通过第三方机构查阅信任分数,不再需要通过中介机构仲裁信任,这将极大地降低商业交易成本。

区块链技术不可篡改的特性,更是从根本上改变了中心化的信任创建方式,区块链技术会带领我们从个人信任、制度信任进入机器信任的时代。

目前,人类文明已经从"身份社会"进化到了"契约社会",而区块链技术则有望带领人类从契约社会过渡到智能合约的社会。在这样的社会中,人们将大大降低信任成本,改变了原有的信任体制,将对人的信任转变成对机器的信任。

## (一)分布式计算

分布式计算(Distributed computing),又译为分散式运算,顾名思义,

就是把一个需要非常巨大的计算能力才能解决的问题，分成许多小的部分，然后把这些分散后的部分分配给许多计算机处理，最后把这些计算结果综合起来，得出最终的结果。比如，当人们要分析来自外太空的电信号，寻找隐蔽的黑洞，并探索可能存在的外星智慧生命；或者要寻找超过 1000 万位数字的梅森素数；或者要寻找并发现对抗艾滋病病毒的更为有效的药物时。这些庞大的项目，需要惊人的计算量，在这种情况下，如果由单个的电脑或是个人来计算，那就需要相当长的时间，但如果将这个庞大的项目分成 30 个小部分，然后分配给 30 个计算机处理，那么就可以提高 30 倍的效率。俗话说："人多力量大。"但实际上，机器多了，不但力量更大，而且效率更高，尤其是准确率，更是人所无法比拟的。这也是我们不得不将对人的信任转到对机器的信任的原因。

### （二）区块链的诞生

说到后现代信任，就不得不提到区块链。2008 年 10 月 31 日，一个自称中本聪的人，在一个隐秘的学术论坛上发表了一篇名为《比特币：一种点对点的电子现金系统》的论文。2009 年 1 月 3 日，第一个区块：创世区块诞生。但是，区块链的历史还可以追溯到世界上第一个基于互联网的分布式项目——寻找"梅森素数"（GIMPS）。这一点，在后面我们还会进行介绍。

区块链也绝不是一些人理解的比特币。如果说比特币是一种电子现金，那么区块链就是这个电子现金系统的核心技术。比特币只不过是区块链技术在金融方面的首次运用而已。

其实，区块链是一个数据库或数据包，而区块链技术则是计算机技术和加密技术以及分布式计算的比较完美的结合。

从2018年开始,区块链开始成为一个热门话题;在2018年1月召开的达沃斯世界经济论坛上,各国首脑和商界领袖讨论最多的就是区块链。那么,究竟什么是区块链呢?有人认为区块链是一种数据结构,能够用数字方式进行识别和跟踪交易,还能通过计算机的分布式网络共享这些信息,创建分布式信任网络;有人认为区块链提供的分布式账本技术,为追踪资产的所有权和资产转移提供了透明和安全的手段……当然了,这些解释都对,但并不是区块链的全面。

其实,区块链是将密码学、经济学和社会学相结合起来的一种技术,这种技术实现了去中心化的经济组织模式。区块链诞生于2009年,在经历将近10年的发展之后,于2017年成为全球的经济热点。

区块链的"区块"类似于我们使用的硬盘的某一个地方,每一个区块就是我们保存信息的地方,通过密码学进行加密,这些被保存的信息数据无法被篡改。因此,区块链是数据时代解决隐私问题、安全问题和信用问题的一种解决方案,未来将应用于金融、供应链、物联网、司法、版权等领域。

目前,人们对区块链的认知广度已经足够,但认知深度尚嫌不足,还需要我们深入推进区块链知识的研究和普及,为产业的发展和成熟奠定基础。其实,世界各国已经充分认识到区块链技术对于全球经济的巨大价值,而区块链对于全球社会政治生态改善的价值,也在逐步显现出来。因此,区块链技术是一个值得各国大力投入,并抢占先机的社会经济新动力。它的再次爆发,将会在今后的数字经济发展中,成为一个核心引擎,为整个数字经济进行赋能。

总之,在可以预见的未来,少则两年,多则三五年,区块链将会让我们对它刮目相看。

## (三)"上帝的协议"

区块链的诞生,放大了数字经济世界的想象空间。它的影响和作用,已经远远不只是金融——当然金融非常重要。区块链已经扩展到全世界范围内的商业、现代流通、政府、隐私保护、社会发展研究者、媒体等领域。

今天,全球的业内人士正在思考和探索这个通过智能代码就能让普通人之间搭起信任桥梁的机器或者技术带来的潜在能量。有人认为,区块链作为数字世界的底层技术将为数字经济赋能,成为其引擎。

互联网曾经为人们带来希望,让很多积极的改变成为可能。但是在互联网上,若没有第三方机构(政府、银行等)提供的验证信息,我们依然无法在彼此间确认对方的身份,无法在彼此间建立经济往来活动所需的信任关系。这些第三方机构恰恰是利用了我们对其的需求,不仅收取不菲的中介费用,而且搜集了我们大量的数据和隐私。人们期望互联网能够建立起一个点对点协议驱动的新世界,但却发现它是错的,权力和财富还是流向那些已经有了权力和财富的人,资本赚取新财富的速度,比大多数人快。天才数学家戴维·查姆(David Chaum)在1993年提出一个数字化支付系统。他的同事还为此写了一篇论文叫"上帝协议"来夸赞和说明这个完美的支付系统。这篇论文中设想了一种无所不能、可以取代所有中间机构的技术协议,即"上帝"在交易中扮演可信的第三方。由于互联网的基础设施(底层)并不能提供必要的安全性,中间人在各种事物中就变得尤为重要,如上帝般的存在。戴维·查姆的公司不幸在1998年破产。

直到中本聪的出现并发布一种点对点的电子现金系统及基础协议,这个我们现在称之为比特币的东东,以分布式计算技术为基础设定了一系列的规则,在脱离可信的第三方(中介)的情况下,数十亿台设备能够在彼此间安全地交换信息。这个设计的成功,使整个计算机世界感到兴奋,虽然这种技术最初是用在比特币上,这种技术我们现在称之为区块链技术。

# 第二章

## 什么是数字经济

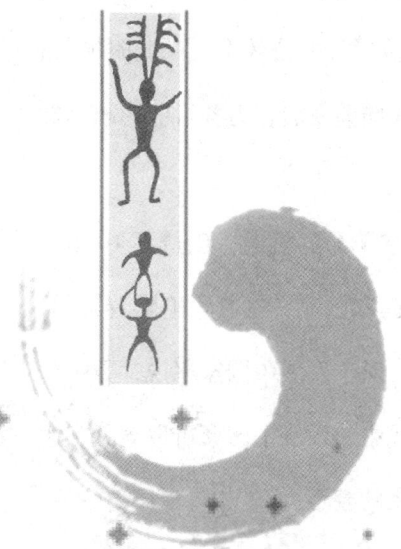

数字经济指一个经济系统，在这个系统中，数字技术被广泛使用并由此带来了整个经济环境和经济活动的根本变化。数字经济也是一个信息和商务活动都数字化的全新的社会政治和经济系统。

"数字经济"(Digital Economy)词组首次出现在1994年。1996年，美国经济学家Don tapscott出版了《数字经济》一书，书中对数字经济的形态进行了详细的描述。

2016年，在我国杭州举行的二十国集团(G20)峰会上，在由我国主导、与会国领导人共同发起的《二十国集团数字经济发展与合作倡议》中，对于数字经济是这样描述的："数字经济是以使用数字化的知识和信息作为关键生产要素，以现代信息网络作为重要载体，以信息通信技术的有效使用作为效率提升和经济结构优化的重要推动力的一系列经济活动。"

从上述的这些描述中，我们对数字经济已经有了一个大概的了解。其实，数字经济又称智能经济，它是工业4.0或后工业经济的本质特征，也是"信息经济""知识经济""智慧经济"的核心要素。数字经济通过不断升级的网络基础设施，依托互联网、云计算、区块链、大数据、物联网、边缘计算等信息技术，使企业的交易成本不断降低，同时使产品流通、办公效率、产业附加值、资源配置等方面得到极大的提高，使生产力快速向前发展，为各行业的超越性发展提供了技术基础。

从20世纪90年代以来，美国就抓住了数字革命的机遇，创造了10多年的经济繁荣。随后，欧洲、日本等一些发达地区和国家，也紧紧追随着美国，积极推进数字革命，产生了巨大的成效。目前，对于发展中国家来说，数字革命仍然是打破发展"瓶颈"的利器。在数字时代中，发展中国家可以充分利用数字经济中的后发优势，进一步缩小与发达国家的差距。

而我国在此次数字经济的发展里程中，终于和世界站在了同一起跑线上。虽然在核心的技术上，我们与西方发达国家，还有一定的差距，但是在应用方面，特别是融合型数字经济中，中国为世界特别是发展中国家做出了很大的贡献。从目前的趋势来看，中国的数字经济发展已经位居世界第一梯队中，这也是不争的事实。

相对于传统的工业产生，数字经济在很大程度上能够有效杜绝对有形资源、能源的过度消耗，造成环境污染、生态恶化等危害，实现了社会经济的可持续发展。同时，由于网络的发展，经济组织结构趋向扁平化，处于网络端点的生产者与消费者可以直接联系，而降低了传统的中间商层次存在的必要性，从而大大降低了交易成本，提高了经济效益。

数字经济的本质在于信息化。所谓的信息化，就是由计算机与互联网等生产工具的革命所引起的，由工业经济转向信息经济的一种社会经济过程。具体说来，信息化包括信息技术的产业化、传统产业的信息化、基础设施的信息化、生活方式的信息化等内容。

进入21世纪后，我国之所以能够在许多领域获得超越性发展，并跃居世界第二大经济体，正是得益于数字经济提供的历史机遇。目前，数字经济已经成为我国各省市政府部门的工作重点。尤其是近几年来，我国数字经济持续快速发展。在2020年年底制定的《中共中央关于制定国民经济和社会发展第十四个五年规划和二〇三五年远景目标的建议》中，数字经济更是被单独作为一个章节进行了重点规划，提出了"迎接数字时代，激活数据要素潜能，推进网络强国建设，加快建设数字经济、数字社会、"数字政府"，以数字化转型整体驱动生产方式、生活方式和治理方式变革"的总要求。并明确了我国在加快数字产业化方面的关键方向，以及在推进产业数字化的七大

重点产业。

此外，在2021年中央有关部门关于"十四五"和到2035年我国经济社会重点领域的改革课题研究报告中，著名的经济学专家刘世锦提出了"双循环"的"1+3+2"结构性潜能框架。

"1"是以都市圈城市群发展为龙头，为下一步中国的中速高质量发展打开空间。"有更好的要素集聚效率，今后5到10年这个范围能提供70%—80%的增长潜能。"

"3"是指在实体经济方面，要补上我国经济循环过程中新的三大短板。一是基础产业效率不高的短板，仍然不同程度地存在行政性垄断，竞争不足，补这个短板是要给全社会降成本。二是中等收入群体规模不大的短板。今后10—15年，中等收入群体应该力争实现倍增，就是由现在的4亿人增加到8亿—9亿人。补上这个短板，扩大需求，特别是消费需求，同时扩大人力资本。三是基础研发能力不强的短板。基础研究源头创新是内循环中"卡脖子"的环节。这个环节补上以后才能够有效地应对外部"卡脖子"的问题，中国才有可能真正成为一个创新型的国家。

"2"是指以数字经济和绿色发展为两翼，也就是我们在本书中重点介绍的板块。

刘世锦强调，上述结构性潜能在今后5—10年都能够起作用，但是现在不同程度地受到体制机制政策的束缚，因此应该通过更大力度、更有实效的改革开放使这些结构性潜能"变现"。

而在刘世锦所提出的这个"1+3+2"的"双循环"框架中，"2"才是未来经济发展的龙头。因此，数字经济必将成为我们突破传统经济"瓶颈"和缩短与世界经济差距的关键潜能。

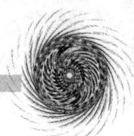

下面，我们就来了解一下数字世界的技术发展历史和脉络吧！

# 一、从机械计算到移动计算

1623年，威廉·施卡德（Wilhelm Schickard1592~1635年）制作了一个能进行6位数以内加减法运算，并能通过铃声输出答案的"计算钟"。机械计算机在二战期间达到顶峰，60年代中期出现了使用阴极射线管输出的电子计算器。后来，随着电子器件越来越微型化，以及耗能系统越来越小，人类又进入了移动计算时代。

其实，如果按照静止的财富观来衡量的话，用20世纪60年代的算力指数来衡量现在的人，那么每一个人都是富豪，因为我们拥有的电子设备加在一起，比美国宇航局的算力系统还要强大。我们都活在计算技术迅速发展的红利之中。

20世纪七八十年代，电脑开始逐渐走入家庭，这是一个庞大的超级计算机向个人电脑简化、重构、发展的过程，在此期间，计算机的重量和体积变得小型化，价格上也更加亲民。除了家用电脑，人们还开始追求电脑的便携性，希望它能满足人们移动办公的需求。

由此，个人电脑的小型化演化出两个方向。一个发展成了现在的笔记本电脑，它尽可能完整地保留了电脑的性能，在保持系统兼容性的前提下优化配置，做到结构紧凑。另一个则发展成了现在的智能手机、平板电脑，为了追求极致便携，它简化、省略了部分电脑的性能，操作平台往往也需要重新研发。

最初在个人电脑领域进行探索尝试的企业,有诸如惠普、IBM、东芝,以及为人们所津津乐道的苹果。

苹果公司最具话题性的 CEO 乔布斯说过:"领袖和跟风者的区别就在于创新。"1980 年,乔布斯和合伙人研发的苹果电脑上市,狂卷 1.17 亿美元,为苹果以后的发展打下了坚实基础。然而,随之而来的,却是苹果公司内部的各种管理问题,几位创始人不能再安心做产品,并由于各种原因相继离开苹果。但对科技的狂热和对创新的追求,一直驱动着苹果向前发展。

1989 年,苹果公司砸下重金,推出了一款笔记本电脑 Macintosh Portable,他们在杂志上刊登大版面的广告,以吸引眼球,在配置上更是不计成本,可谓极尽奢华。这款电脑采用了当时非常先进的液晶显示屏以及高效率的内存,当然价格也贵得令人咋舌。尽管这款苹果电脑的推出在市场上大获成功,但这款笔记本电脑的销量最终却遭遇滑铁卢,可见消费者还难以为这样昂贵的科技产品买单。不过,1991 年,苹果的这款笔记本电脑跟随亚特兰大号航天飞机登上太空,成为世界上第一台从外太空发送电子邮件到地球的电脑,这可以说是其最具标志性的成就。

同一时期,还有一位发明家因为受到一部科幻剧的启发,从而创造出了世界上第一部手机。这部科幻剧就是大名鼎鼎的《星际迷航》,故事主要发生在几艘星际战舰上,为人们展现了各种充满想象的未来高科技。当时,摩托罗拉的总设计师马丁·库帕看了这部科幻剧后,灵光乍现,当他看到剧中人物拿着无线电话和同伴通话时,他下意识地说道:"这就是我想要发明的东西。"

随后,马丁带领团队仅用了一个半月,就研制出了第一部便携式移动电话。其内部容纳了数以千计的零件,虽然团队做出了努力,但第一代移动电话依然十分沉重,根本不方便随身携带。为了让移动电话投入使用,马丁和团队继续研发了天线、基站等配套设施,这些基站相当于一台微型电脑,可以测量电话信号的强度,同时把较弱的信号传递到下一个基站。

当时还是有线电话一统天下的时代,因此,在移动电话要投放市场之前,马丁的上司还在犹豫,就连移动电话的外观都让他感到不安。其实,早期移动电话的外观简约流畅,带着十足的20世纪70年代工业设计风格。直到产品问世,受到消费者的热烈欢迎之后,摩托罗拉公司才承认了这项发明的价值。

接下来的10年,马丁带领团队对移动电话进行了5次技术革新,每一次都有效地缩减了手机的体积。1983年,摩托罗拉的移动电话已经只有450克了。

后来,移动电话传到了中国,人们给它起了一个生动的名字——大哥大。大哥大在美国的售价超过4000美元,在中国的售价也达到了2万元人民币。当时,拥有一部大哥大是财富的象征。然而,尽管摩托罗拉将电话创新性地发展为移动式,并在电话通信领域领跑其他品牌,但在移动计算上却始终没有突破性的进展。

在2G时代,没有人敢于想象以后会有一款没有实体按键的手机。然而,乔布斯却做出了没有人敢于想象的事——2007年,苹果公司发布了第一款iPhone,彻底颠覆了世人对手机的认知,并一举撼动了摩托罗拉、诺基亚等老牌通信终端设备商的地位,开启了3G时代,成为新的业界标杆。

当时的智能手机具备独立的操作系统,能无线接入互联网,还整合了浏览网页、多媒体应用等功能。通过智能手机,人们可以处理多种工作任务,还可以不断升级系统和软件。

现在,我们可以描述和概括移动计算了。其实,所谓的移动计算,是随着移动通信、互联网、数据库、分布式计算等技术的发展而兴起的新技术。这是一门多学科交叉的技术,它涵盖了网络、编程、通信等多个领域。移动计

算从诞生之日起，就自带热点，它顺应了科技智能化的趋势，改变了人们的学习、工作和生活习惯。移动计算技术赋予了各种智能终端设备，在无线环境下实现数据传输，以及资源共享的能力，能随时随地将信息准确传递给网络里的用户，让信息的传递发生了质的飞跃。

关于如何解读科技的发展趋势，美国畅销书作家凯文·凯利在《科技想要什么》这本书中，带来了一种全新的思路，他提到，生命包括植物、动物、原生生物、真菌、原细菌和真细菌六种，但是仔细归纳总结技术的演化，同样呈现出生命特征，也就是技术会不同程度地呈现出一定的自主性，不同的技术拥有一个或几个以下的能力：自我修复、自我保护、自我维护、对目标的自我控制、自我改进。比如，无人机可以自动驾驶，在空中飞行数小时，但它不能自我修复；通信网络可以自我修复，但不能自我繁殖；计算机病毒可以自我繁殖，但不能自我改进。而科技可以通过不断发展，最终解决这个问题，到那时，我们应该接纳科技作为第七种生命。

其实，技术和生物基因一样，不同基因片段在混合之后，就形成了不同的新物种。而移动计算技术是一个技术集成的族群，最终会和万事万物相结合，形成一个完整的智能社会。大疆是微型无人机的领先品牌，我们可以将大疆看成会飞行的移动计算机，因为在这些无人机中，很多技术系统，都来自手机技术的快速进步，因而极大地降低了产品成本，这些昂贵的产品，本来只能够应用于一些专业的场合，而现在，已经成为普通的民用技术。

目前，云计算、物联网、大数据和人工智能正在加速移动技术领域的技术进化。早在20世纪80年代，美国施乐PARC研究中心首席科学家马克·威瑟就提出了宁静技术（Calm Technology）概念。人类在移动计算领域的进化方式就和生物进化中的"分形"是一样的，即一种技术基因分化出无数新的物种形态，并最终看不见了，变成生活的一部分，除了专业研究者和专业技术者，到了应用层，就是自然的一部分，普通用户已经感受不到技术的存在了。

马克·威瑟曾说："技术应无缝地融入我们的生活，而不是让我们时时感到技术的战栗与恐惧；我们不会消失在电脑空间中，而是电脑将消失在我们的生活中。"这句很有名的话，已经被业界认为是移动计算时代的"箴言"。

微软（中国）首席技术官韦青说："云、物、大、智是顺序性的，我们相信，人类经过几十年的发展，最终一定会走到智能化的社会。"在智能化社会，云将是底层基础，很多技术都基于云计算进行开发和设计，虚拟现实增强（AR）就是其中之一。

2009年，高锟因为首次提出光纤通信理论，从而获得了诺贝尔物理学奖，诺贝尔委员会赞扬他"在纤维中传送光以达成光学通信的开拓成就"，因此他也被人们誉为"光纤之父"。

1959年，激光被发明出来，人们发现光作为传输媒介的信息容量，比传统微波系统要高出10万倍，于是开展光通信研究，便成了当时的热门研究方向。当时，26岁的高锟也投身光通信和传播介质的研究中。1966年，高锟发表了论文《为光波传递设置的介电纤维表面波导管》，提出利用石英玻璃进行传输的最初构想，解决了激光传输中衰减的难题。

今天，光纤已经遍布全球，人们通过这种通信技术，能够轻松实现信息的传递。然而，在当时，高锟的设想却遭到了质疑，学术界和通信行业都不看好他所说的新型材料，因为超纯净玻璃纤维的研发成本过高，市场前景难测，所以大家都认为这是"不可行"的。

幸运的是，在高锟坚持不懈的游说下，终于有一家公司愿意投入人力和财力进行研发，这家公司就是美国康宁公司。最终，康宁公司于1970年制造

出世界上第一条符合高锟理论的低损耗试验性光纤。10年之后,光通信借着新材料的问世,再度成为热门学科。一时间,各大企业重金投入,集结了科学家、工程师全力研发。几乎在同一时间,贝尔实验室发明了半导体激光器,并凭借体积小的优势在光纤通信系统中得以大量运用,光纤通信迎来了一段黄金发展期。

那么,未来的几十年,移动计算技术会朝着什么样的方向去发展呢?马克·威瑟的预测是"微粒化"。未来的计算机会很小,小到可以跟我们很多的物品相结合,比如超小的光电子器件、超小的计算机系统,并做到人机结合。因此,移动计算时代终究会到来,在未来的社会中,"软件和算法"将渗透到人类所有的生活和工作中。

## 二、AR 技术的运用

AR 是增强现实(Augmented Reality)的简称。那么,什么是增强现实呢?顾名思义,这是一种将真实世界信息和虚拟世界信息进行"无缝"集成的新技术,也就是把原本在现实世界的一定时间和空间范围内,很难体验到的实体信息(比如视觉、声音、味道、触觉等),通过电脑等科学技术,模拟仿真后再叠加,将虚拟的信息应用到真实世界,被人类感官所感知,从而达到超越现实的感官体验。

而提到 AR 技术,就不得不提 2015 年的现象级手游《Pokémon Go》。这是一款基于现实增强技术的宠物养成对战类 RPG 游戏。玩家可以根据游戏提示,

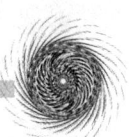

在电子地图上看到附近哪里有神奇生物出没,然后赶到目的地。此时在手机屏幕上,就出现了一只活灵活现的神奇生物,它们在草丛里、公园长椅上、空地上走动。玩家则可以根据游戏规则进行抓捕。这款手游在满足老玩家、吸引新玩家的同时,更向全世界普及了什么是AR技术。而AR技术的应用远不止电子游戏领域,它可以普遍应用在教育、医疗、娱乐、生活服务、电子商务、工业、制造业、军事等领域。它的出现,甚至会带动新一轮的智能终端设备研发与销售,还可能会带来网络运营计费方式的调整,从而带来新的经济增长。

可以这样说,AR技术的普及,不仅使我们的生活中多了一项新技术,更有可能改变人们认识世界的方式,甚至是思维方式。

在本书的第一章中,我们已经详细地介绍过,人类在信息传播的过程中,最高效,使用率也最高的传播方式,就是语言。人们认为,语言表达的意思最详细、准确。因为不仅说着相同语言的人可以交流,说不同语言的人还可以通过学习另一种语言实现沟通。

然而,在信息传播的过程中,语言是有局限性的。比如抽象的信息需要视觉化思维进行呈现,如果做不到这点,就无法进行传播。尤其是对于复杂系统的表达,人们也往往会遇到"一说就错"的尴尬状态。

其他动物,比如蜜蜂和黑猩猩所使用的交流系统都是封闭系统,这个系统里的"语言"表意简单,是无法表达和传递思想的。而人类语言则不同,没有上限且富有创造性,允许人类从有限元素中产生大量话语,并创造新的词语和句子。这是因为人类语言是一种对偶码,语言当中有限数量的元素本身并没有意义(如声音、文字和手势),但意义的组合(包括词语和句子)是无限量的,有限的元素和无限的意义相结合,即可产生无限的人类语言。

思维在控制语言表达的同时，语言也在影响着思维。研究发现，母语的特点能够影响人们的认知能力和思维结构。美国哥伦比亚大学的彼得·戈登教授和团队开展了一项语言学研究。他们深入巴西亚马孙河流域的一个原始部落，调查那里的语言系统。研究者很快发现，在这个原始部落居民的母语中，只有"1""2"以及"许多"这几个词来表示数字，因此他们很难辨认"3"以上的数字，以及相关的延伸意义。

研究者拿出数量不同的各种小物件摆在地上，然后让部落居民模仿这个行为。结果，当只有一两件物品的时候，部落居民能够轻松完成模仿任务，可一旦物品数量增加，他们就会出现很多错误。在接下来的其他针对数字所设计的实验中，遇到计数时，部落居民就显得很吃力。由此可见，母语中计数词汇的缺乏，影响了语言使用者的认知能力。

在 AR 技术概念提出来之后，很快就引起了语言学家的高度重视。他们认为，最佳的语言系统，就是重现或者用世界呈现描绘的场景。

这些语言学者认为，人类的语言系统仍然存在局限性，语音描述的方式是线性的，每次沟通的信息损失很大。随着语音的积累，传达的信息却在不断衰减，也就是我们常说的"听了后边的，忘了前边的"。

受每个人理解力和表达力的影响，语言还难以表达需要精准描述细节的具体事物。语言表达是对现实世界某个场景的信息压缩编码，每一个交流者都是解码人，在解码过程中，对于信息的解码，会有无数种不同的曲解。而由曲解中就可能产生误解，人类的很多文化冲突甚至战争，都是因为编码语言的局限性造成了认知偏差。

而图像和符号则有效地弥补了语言的这个缺陷，平面的图像能够表达不同事物之间的结构关系，比如拓扑结构的表达，如果不借助于图像的表达，那就很难被理解。

随着社会的不断发展，人类已经面临着越来越复杂的技术系统，而我们对复杂系统的掌控能力却在下降。其实，人类早就期待一场沟通革命了，只是技术的发展，还没有达到成熟的地步。而 AR 技术的出现，对于人类的沟通方式来说，无疑是一次飞跃。

AR 是人类沟通技术的集大成者，不仅符号、文字和图像等二维表达，能够借助 AR 技术来呈现，在三维空间里，甚至虚拟的思维空间里，也可以全面模拟现实世界。这将使人类的沟通方式从二维过渡到三维甚至四维。AR 向下兼容所有的沟通技术，也能够面向未来很多年，提供新的完整的沟通方案。

其实，每一次技术革命的背后都是社会革命。AR 也将给我们的生活带来革命性的变化。随着微软、谷歌、苹果等头部公司入场，移动设备中对 AR 功能的需求将出现一轮激增，支持 AR 的智能手机，将会继续担当日常消费者体验 AR 的最简单的接入点。截至 2018 年，配备 AR 功能的终端设备已经突破 6 亿台，随着 5G 时代的来临，这个数字还会继续呈指数级增长。

AR 技术和商业的合作，还会带来广告的升级，今后我们将在智能终端设备上看到更多的 AR 对象和横幅广告。AR 技术可以为人们提供更具个性化、更私密地了解商品的方法。AR 技术还会赋能影像，目前 AR 技术在视频直播平台大热，人们可以用各种新奇有趣的方式，装扮自己的视频和照片，在不久的将来，相关的应用程序会进一步围绕摄像头构建，逐步形成一个小生态。

在未来的社会中，AR 技术会真正融入我们的生活，做到无缝对接。例如，你可以购买 AR 鲜花，用来替代真正的鲜花来装饰室内环境。这些 AR 鲜花既不用换水，也不用修剪，你可以每三分钟改变花的颜色，或者完全改变花的

形状，而且它们永不凋谢。人们还可以选择AR宠物来代替真实的宠物，这只AR宠物，具有真实宠物的所有情感和外貌，但我们不需要喂养、清理和进行护理。而且，这只宠物可能是一只神奇动物，如一只恐龙，或者是动物世界中的任何其他动物。

目前，我国的AR领域投资风头正盛，资本在AR领域的投资也非常均衡，从上游到下游皆有覆盖，AR市场的产业链也正在逐步完善中。随着5G时代的来临，全球超过35亿部智能手机的用户，都是AR技术设备的潜在市场，因此AR将会迎来更大的技术变革和更多的市场机遇。

## 三、云计算和云服务

未来，个人大规模计算不是在我们的随身设备中完成的，而是在计算中心完成的，这就是云计算。

人工智能在视觉上的运用，在很大程度上改变着我们的生活。无人驾驶汽车在很多年前问世，一时间引起了很大的关注，对于人们来说，无人驾驶汽车是对传统驾驶领域的一种挑战。我们熟知的交通驾驶行为，都是人为操控，即便是在科技发达的今天，人们依旧是人为操控汽车。而无人驾驶汽车在驾驶上，极大地依赖智能视觉，依靠视觉传感器平台——相机的使用，以及比GPS更精确的LIDAR（激光雷达）和高精度无线电导航。在这些基础上，视觉的增强和雷达的高效运用，让汽车能够实现无人驾驶。

无人驾驶技术与我们普通人的生活尚有一段距离，但AR视觉影像技术则早已遍布城市的角落进入我们生活的方方面面了。AR虚拟仿真技术的运用，让我们通过工具看到了更多的不可能性，也正因如此，才创造了很多现实的奇迹。不少AR技术运用在电影、游戏以及各种活动上，我们能看到原本是虚拟中的事物出现在眼前，仿佛是真的一般。在北京鸟巢活动馆，曾举办了英雄联盟S7总决赛，当时鸟巢上空出现远古巨龙，便是AR技术的智能运用。

云计算的出现是时代的产物，电子技术和科技的发展不断推动着新事物的产生。随着传统应用的复杂度加深，很多应用需要支持更多的用户，随之而来的便是超负荷的后台计算，加上现在网络安全的需求，都让云计算应运而生。

为了解决企业和用户的问题，并减少庞大的数据统计和后台整合流程，便将应用部署到云端，如此一来，可以不必再关注那些令人头疼的硬件和软件问题。复杂的后台计算以及整合都会由云服务提供商的专业团队去解决。也就是说，企业和用户使用的是共享的硬件，这意味着像使用一个工具一样利用云服务。

现如今很多的企业都在运用云计算，这是时代的必然选择，为了不断地满足客户的需求，不断地让自身的产品向前发展，云计算都是企业不得不重点关注的项目，更何况云计算的功能性是满足众多客户需求的保障。

首先，云计算的安全性是很多企业和用户最关心的，对于一个企业来说，后台的安全稳定是正常运行的基本保障，而云计算的安全以及专业团队的支持都保障了用户对网络安全的要求。我们熟知的阿里云、腾讯云、微软以及AWS等公司都在云计算方面进行了很大的投入。

随着网络安全成为所有企业或个人创业者必须面对的问题，加上各个企业的IT团队或个人很难应对那些来自网络的恶意攻击，因此使用云服务是最

便利的选择，以上提到的云计算大公司，它们的人才资源以及科技经济实力都是有保障的，这也让其他的企业和个人对自己的网络安全更加放心。

其次，云计算的大规模以及分布式特点，在很大程度上保障了用户的计算能力和使用舒适度。举个最简单的例子，不少人在"双十一"抢购的时候，最容易感受到云计算的存在，没错，就是那所谓的"一秒没"时间，你能清晰地感受到网页的变化，以及后台结算的速度。在同一时间，上千万人跟你一起进入一个网页，然后一起按下了选择键，而此时在我们看不见的地方，云计算真真正正地展现着它们的实力，庞大的数据网和媒体链接，以及应对的数据调动和计算，都在海量的计算中。随着数据的输入和输出，用户看到的是结果，商家看到的是数据，而在背后支撑的就是云计算的团队技术。如此大规模的操作，绝对不是普通的网络计算可以办到的，这也就是很多公司选择云计算的原因之一。依靠这些分布式的服务器所构建起来的"云"，能够为使用者提供前所未有的计算能力。

最后，云计算本身是采用虚拟化技术，用户并不需要关注具体的硬件实体。他们只需要选择一家云服务提供商，根据步骤去注册自己的账号，然后登录到云控制台，去购买和配置需要的服务，比如云服务器、云存储和CDN等。而后为他们的应用做一些简单的配置，就可以让他们的应用对外服务了。简单的操作，加上实际的保障，都让云计算的发展和运用看到了未来。除此之外，企业和用户能够随时随地通过PC或移动设备来控制自己所属账号的后台资源，这就好像云服务商为每一个用户都提供了一个IDC一样。

除此之外，云计算的高可用性和扩展性都让客户的良好体验不断增强，知名的云计算供应商一般会采用数据多副本容错、计算节点同构可互换等措施来保障服务的高可靠性。随着用户规模的增长和需求的提高，在拥有云服务的应用后台中，云计算服务商会有持续的对外服务，会根据用户的需求来对服务进行变动，这些都能极大地满足用户的需求。用户可以根据自己的需要购买服务，甚至可以按使用量进行精确计费，这在很大程度上会节省企业的成本，另外"云"的规模可以动态伸缩，以满足应用和用户规模增长的需要。整体的资源利用率将得到明显的改善，这也得益于云计算的按需服务。

云计算对于我们来说，很多时候是看不见摸不着的，我们直接在产品和服务中找到自己所需的东西，并不是太在意过程。使用一款软件的时候，我们在软件中进行搜索，然后选择自己想要看到的信息，但是在搜索的过程中，我们并不知道其实是连接在云端的服务器正进行大量而高速的运算。正如在使用谷歌搜索图文资料的时候，输入简单的信息，在进度条前进之后，我们就会看到更多的信息，包括与之相关联的文本信息、图片信息，还有周边的互动信息，我们都能找到。而支持我们搜索的，正是谷歌的云计算系统，在庞大的数据和信息检索中，服务器进行着海量的运算，之后才把结果呈现在我们眼前。

总而言之，正是因为云计算的存在，才让我们能在很短的时间内获取到更好的体验，特别是在互联网技术发达的今天，我们在网络上得到的很多信息都是依靠着庞大的互联网络，而在这庞大的网络背后支撑的正是云计算。

## 四、从互联到物联

1994年，凯文·凯利在其所著《失控》一书中提到，在未来的社会中，所有的动物、植物、环境以及所有的设备，都将被互联网连接在一起。在当

时，这应该是一个充满科幻趣味的预言。然而，就在二十多年后的今天，我们已经看到，万物互联的时代已经不再是科幻，而是现实。

其实，从科技发展的角度来看，人类社会必将进入一个万物互联的时代，而支撑万物互联社会的基础架构，按照微软公司首席执行官萨提亚·纳德拉的话来说，就是具备了无处不在的计算能力的云计算服务体系。以此为开端，各类新术语、新概念也开始层出不穷，比如人工智能就是其中热门的话题之一。随着科学技术的高速发展以及创新应用的大量普及，这些原本仅限于专家学者们讨论的话题，仿佛一夜之间，就走入了寻常百姓家。但从历史的经验和教训来看，这种爆发性的现象，要么爆发性地冷却，要么为未来的发展埋下很多隐患，有时甚至将本可以蓬勃发展的新生事物扼杀于摇篮之中。其实，人工智能已经为此走过了若干寒暑，若要避免再次陷入这种怪圈，似乎有必要静下心来，仔细探究一下它的本质，理解事物的发展规律，以及认真思考究竟如何能够让科技的发展为人类带来真正的福祉。

幸运的是，现在已经有越来越多在技术领域深耕细作多年，并且富有强烈社会责任感的科学家开始发声，在积极拥抱这一伟大的技术进步的同时，帮助世人理解到底什么是人工智能，它适合做什么，它不适合做什么，以及如何让人工智能的发展更好地助力人类社会。

首先，我们要理解，任何伟大事物的出现，都类似于冰山一角，有其隐藏于下的巨大发展基础。若不能了解其成因，只在结果上下功夫，很容易陷入空中楼阁的境地。从目前科技与人文的发展方向来看，人类跨入智能社会的门槛，应该是一个大概率的事件。但哪个国家，或者哪个群体能够先期顺利地达到这一目标，关键不仅是方向的正确，也是路径的正确选择和踏实的实施。因此，我们一直力推被称为"云计算-物联网-大数据-人工智能"的智能社会发展顺序。具体而言，当我们把下一阶段的社会发展目标定为智能社会的时候，我们需要理解，以目前的技术能力和发展路线图来看，要使机器产生所谓的"人工智能"，必须要有海量的数据；而海量数据的产生，需要有一个万物互联的社会基础；而能够支撑起万物互联社会的前提，则需要计算能力像空气一样，随时随地，无处不在。换句话说，以本质论的观点来看，现在很流行的云计算，其实更为精确的说法，应该称为"无处不在的计算能力"，这种计算能力与下一代通信技术相结合后，就能够支撑起万物互联的社会结构，其作用类似于第二次工业革命时期电力的出现和普及。就像电力的普及造就了电气化社会一样，云计算服务体系的全面普及，就为智能社会的到来奠定了基础；有了万物互联的社会结构，才会产生真正的大数据，从而奠定人工智能所必需的计算能力和大数据基础。因此，从"果"返"因"，是"人工智能–大数据–物联网–云计算"；从"因"到"果"，则是"云计算–物联网–大数据–人工智能"。理解了这种因果关系，就可以在制定发展战略时，做到按部就班，有的放矢，真正一步一步地迈向智能社会的未来。我们之所以强调这种发展顺序，主要是认识到无论是对个人而言，还是对国家和企业而言，物联网都将是未来社会的发展方向，而人工智能则是未来的核心竞争力。而物联网与人工智能对于人类的影响，将不亚于当初发现核能产生的冲击。

其次，为了使技术的进步能够真正造福人类，我们还需打破技术万能论的观点，充分理解物联网的本质。它其实就是一种"硅基大脑"对于"碳基大脑"的初级模仿。两者的确有很多相似之处，比如都是要靠电力驱动，信号处理模式也都是要经历信号/数据的生成、传输、存储、处理和反馈，也都有中央计算与边缘计算的分层式处理架构，等等。

在科技实践的过程中，还有一个老生常谈的话题，就是科技要"以人为

本",其衍生的说法也可以是技术应以"实用为主"。而在这个概念漫天飞的时代,有太多的技术、想法或产品如过眼云烟,其根本就在于是否真正满足了用户的刚性需求。我们经常开玩笑,习惯忽悠别人的人,要当心最后把自己也忽悠了。要知道,虽然有些产品可以在概念初期,通过强势的营销手段吸引一批用户。但最终而言,在这个口碑决定销量的时代,任何产品和服务,最终要回到供应和需求的基本关系上。对于消费者而言,再好的产品和服务,如果没能解决他的痛点,跟他们就没有任何关系。[1]

从通信行业的发展来看,1G 到 4G 是通信业的革命,而从 4G 到 5G 则不仅仅是一种通信技术的革命,更是智能社会的革命。5G 的操作系统将和 Windows 系统、安卓系统和苹果 iOS 系统不同,因为 5G 的操作系统包含了大量物联网时代的新需求,也包含了基于云计算的特殊需求。这种新需求,要是在原来操作系统的基础上进行改进,是很吃力的。比如华为的鸿蒙系统,是从工业端先导入应用,这实际是在打击其他操作系统的薄弱环节,也恰恰就是华为的机会。

人们普遍认为,5G 技术将引发第四次工业革命,这一次,人们不再围绕机械、材料等现实物体,而是在信息技术、软件编程等领域展开角逐。

每一次工业革命都会出现一个或是几个"牵一发而动全身"的颠覆式技术创新,比如历史上的蒸汽机、铁路、电力开发、内燃机和汽车、飞机、无线电、电视、计算机。那么,第四次工业革命的核心技术又是什么?5G、物联网、人工智能等,都是热门的话题。

目前,每个国家以及大型的企业,都在积极布局此次技术革命,因为这一次重新洗牌,决定了今后哪一个行业将作为核心产业崛起,哪一个国家将

---

[1] 韦青:《万物重构:智能社会来临前夜的思索》,新华出版社2018年版。

成为新的科技创新与经济中心。甚至，某一个核心元件、某一项核心技术的创新，就会带来整个产业链的重组，从而使得生产或研发中心在全球范围内的迁移和利益进行重新分配。在 4G 时代，我们已经见识过从微软、谷歌到 Facebook、阿里巴巴的重心转移；看到了线下零售巨头到跨国电子商务平台的变迁；从诺基亚、摩托罗拉到 iPhone；从柯达到佳能和尼康，无一不透露出这种转移的迅速以及重新划分市场后成倍增长的利益。

在新的技术革命面前，创新将变得空前活跃，企业也将释放足够的创新能力。广泛招募参与者，包括那些与企业平台有关联的组织。工业互联网中的大部分技术不仅是跨职能的，更是跨行业的。当整个价值链和客户生态系统能够被集成和转化，创新将有迹可循。

新技术的大规模铺展还将影响融资模式，制造企业将借鉴硅谷，更多地通过股权资本和风险投资进行融资，这些资金将用于产品研发和生产，从而推动行业快速向前发展。比如，亚马逊通过股市筹资等创新融资方式，推进了云计算和仓库存储革新；通用电气则凭借公司实力和项目说服力，从管理层那里进行了融资。

总之，在不远的将来，在雄厚资本的运作和技术的不断更新下，万物都能计算，都能联网。到那时，我们所处的世界，将变成一个超级的计算机世界；我们所处的时代，也将逐渐构建起一个超级的智能时代。

## 五、开启人工智能时代

社会一直在进步，科技的发展几乎是争分夺秒地进行着，人类作为智慧

体,在进化中不断创造着奇迹。很多时候,我们惊喜着人类创造出来的社会,但是更多的时候社会也在不断地淘汰那些不思进取的人。

我们所处的社会是一个科技化和智能化的社会,人工智能的存在为我们的生活提供更多的便利。人工智能是指通过普通计算机程序来呈现人类智能的技术,也就是我们口中的 AI,很多教材中,对于人工智能的定义多是"智能主体的研究与设计",智能主体指一个可以观察周遭环境并做出行动以达到目标的系统。

约翰·麦卡锡在 1955 年对人工智能下过一个定义,说它是"制造智能机器的科学与工程"。之后安德里亚斯·卡普兰和迈克尔·海恩莱因将人工智能定义为"系统正确解释外部数据,从这些数据中学习,并利用这些知识通过灵活适应实现特定目标和任务的能力"。当人工智能在很大程度上影响并改变我们的生活时,我们就必须看到其中隐藏的秘密。

在微软(中国)首席技术官韦青所著的《万物重构:智能社会来临前夜的思索》中,作者通过自己丰富的从业经验,以及多年的体验,重点描述了人工智能时代的智能社会。

智能社会中有着太多的规则,人们需要遵守规则,同时在不断地创造规则。与此同时,我们更要看到一个智能社会的整体图景,要在现代智能社会中成功地站住脚,并且成为智能社会的引领者,人们需要做的还有很多。

在智能社会中,只有极少数人能够通过主动学习,使用智能机器工具,和机器一起获得成就。未来社会只对 2% 的人完全敞开大门,98% 的人则面临一种无聊的没有价值创造的局面。智能社会的财富分配不是 80/20 定律,而是 2/98 定律。面对这样的论述,或许很多人觉得有点夸大其词,但是我们在身边却总是见到明显的例子。在我们身边那些过着风光生活的人,大多数是精英分

子，他们在思想上以及行为上，都有着过人之处。而在他们身上共同存在的一个特点，就是好学，他们不断在充实自己，不断在学习，不断在进步。

事实上，我们也清楚地知道，个人能力的大小在很多时候决定着未来的位置。当社会在科技中不断进步，那些与社会脱节的人倘若追赶不上新科技的发展，最终就会被新科技淘汰。

当现代社会的技术已经变为一种生命体，它们在不断自我演进。我们会发现，身边的智能用品越来越便利，也越来越功能化，在功能化的同时，需要的是新知识，新知识便是对旧知识的颠覆，而我们为了更好地去适应生活和社会，就必须学习。大数据正在和聪明的算法结合，变成智能社会的基础架构，人需要学习和智能机器一起思考，才能创造和解决问题。

语言能力几乎是与生俱来的，但是现如今仅仅掌握自然语言已经远远不够，无论将汉语或者英语讲得有多好，人们都需要继续掌握机器语言，自然语言可以驱动人，机器语言可以驱动智能机器，二者不可偏颇。我们在接触新事物的时候，总是会有一段时间的不适应，因为我们需要改变之前的习惯，并且去适应新事物的习惯。正因如此，我们更加不能排斥新事物，我们要知道这个时代的主旋律是深度融合，第四次工业革命的本质就是推动互联网、大数据、人工智能和实体经济深度融合，每一个人都是一个接口，我们必须用接口思维面对世界。只有这样，才能避免被世界淘汰。

在这个每天都充斥着海量消息的社会中，信息和知识已经十分廉价，正因如此，人本身必须回归自己，终身学习已经不仅仅是放在嘴上的一句话，而是需要不断实践的行为。我们还必须拥有自己的批判性思维，在海量的信息中去选取更多更好的信息。过载的信息不会带来成功，选择已经成为其中最重要的一环。未来的商业竞争，人们必须有足够的思考能力去判断，而哲学可以让

人在智能社会中拥有最后的尊严，人要有哲学思维，然后有科学思维，而后可以使用技术思维成就人生。

掌握机器智能和人脑智能的新型企业，能够从更高维度消灭固守旧思维的企业，而旧企业甚至感觉不到敌人在哪里，就面临被系统性消灭的危机。这是趋势，也是不可避免的。大数据是未来社会最有价值的资产，依靠云计算和互联网的发展，人们和企业都需要不断改变，人们需要重新构建自己的财富观，无形资产所形成的智能财富，在未来是财富构成的绝对主导。尽管机器使用数字和智能成果，机器在生产，但是机器也在不断更新，新的技术和机器都在取代旧的，在这个时候，谁能够最大规模地推动机器创造，谁就能够成为智能社会中的主导者。

社会人在和智能社会的相处中，我们清楚地认识到自己的定位，也明白人工智能对我们的考验。也就是说，我们需要不断地进步，但是在这个过程中，我们还需要利用人工智能。自身和人工智能的共同进步，才能让我们更好地去应对生活和工作。

我们需要在智能社会中洞悉人性。人工智能是不断接近人性化的，人性化的人工智能是推进科技和技术服务人类的前提，唯有了解人的需求，才能够创造性地满足他们。因此人们要利用好人工智能，更要去了解社会人。

在现代社会中，合作已经成为不能忽视的一个环节，任何一个小企业都是社会智能大协作的产物，只有人们不断地抓住协作的机会，并且推进大规模协作，才能够抓住属于下一个时代的机会。人工智能的存在，是为了更好地服务人们去决策和计算，这就需要人们借助人工智能的能力，去积累更多的信息元素，然后实现敏捷开发，在汇聚事业所有元素之后，快速达成初始目标，并在目标基础上加速并且更新换代，来实现更加完美的一面。

企业需要发展,就需要保持最大的开放性,开放是要引入新的价值源泉,并在其间产生杰作,不仅是要对人们进行开放,更要开放地去接触人工智能,去接受更多的机会和新事物。

人工智能的存在,也是能够让简单的人抓住机会,去追求事物界面的简单极致,当人们善于调用最大的资源来维系这种简单极致时,就能更好地实现和智能社会的和谐相处。人们需要抛弃机械式思维,使用量子思维来迎接充满可能性机会的世界,在智能社会中,用概率思维来和世界共舞,智能机器会给予概率的报表,人与智能机器协作,是这个时代的机会。想象力是人类思维的法宝,想象力和智能社会的结合,能够产生无数可体验的平行世界,这也正是人工智能能够发展至今的原因,因为它们承载的是人类的梦想,其间还有更多的是对未来的期望。

由此,对于人工智能时代的到来,我们要有深刻的认知以及切实可行的行动方案,才能够很好地利用人工智能,而不是被人工智能淘汰。

数字经济最主要的特征,一是改变了人类的信任体系,由契约信任变为机器信任。二是改变了人类的语言传播方式,诞生了数字语言。三是改变了生产关系——包括生产、分配、交换和消费。

# 第三章

## 数字经济改变了生产关系

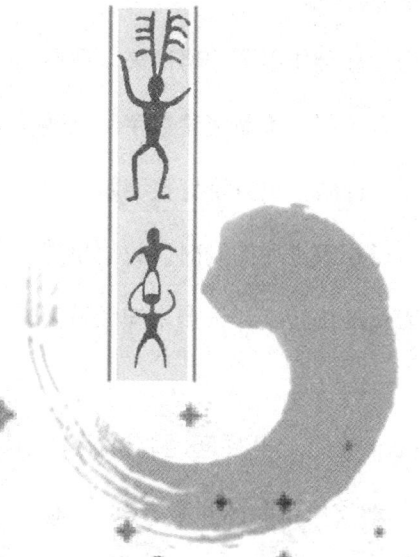

从人类历史的发展来看,所有重大技术的变迁,最终都会使生产关系发生根本性的改变。

2006年年初,中国召开了全国科技大会,这次会议对技术创新的基调与以往的技术政策有很大的不同。在这次会议上,国家开始强调走中国特色的自主创新道路,建设创新型国家。进入21世纪后,随着中国的全面崛起,中国在技术领域取得了巨大成就,尤其是大规模的数字技术发展,更是使中国在新一轮的工业革命中赢得主动。这场革命的新基础框架是一种将人和物互联,呈现"万物智联"的全新状态,其中首要的就是生产商和消费者之间的关系变得更紧密了。对于企业而言,这是促使传统企业转型升级的良好契机。

当前,全球经济越来越呈现数字化特征,人类社会正在进入以数字化生产力为主要标志的新阶段。党中央、国务院高度重视数字经济发展。习近平总书记多次强调,要构建以数据为关键要素的数字经济,在创新、协调、绿色、开放、共享的新发展理念指引下,推进数字产业化、产业数字化,引导数字经济和实体经济深度融合。李克强总理也指出,要壮大数字经济,坚持包容审慎监管,支持新业态新模式发展,促进平台经济、共享经济健康成长。

党的十九大对建设网络强国、数字中国、智慧社会作出了战略部署。按照党中央、国务院决策部署,国家发展改革委会同有关部门不断完善数字经济政策体系,推进实施国家大数据战略和"互联网+"行动,积极培育数字新产业发展,促进数字经济和实体经济深度融合。在取得积极进展的同时,我们也感受到,数字经济仍是一个新生事物,许多观念需要加快转变,许多未知领域需要试验探索,许多管理制度需要创新改革。

为此,国家发展改革委、中央网信办组织面向全社会开展问题调研征集,深入梳理分析研究,制定印发《国家数字经济创新发展试验区实施方案》,在

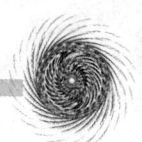

河北省(雄安新区)、浙江省、福建省、广东省、重庆市、四川省等启动国家数字经济创新发展试验区创建工作。

今后,大量商机将从数字经济领域迸发,因此如何快速构建新型生产关系,引导数字经济和实体经济进行深度融合,将成为所有企业着重解决的问题。

## 一、经济学研究的是人,不是物

恩格斯在《卡尔·马克思〈政治经济学批判〉第一分册》中说:"经济学所研究的不是物,而是人与人之间的关系……"其实,恩格斯在这里所说的"人与人之间的关系",就是生产关系。那么,什么是生产关系呢?生产关系就是人类在生产活动中所形成的社会关系。

生产关系概念是马克思和恩格斯提出的标志历史唯物主义形式的基本概念。他们在《德意志意识形态》一书中,第一次使用生产关系这个概念。根据马克思的阐述,政治经济学的对象是生产关系,政治经济学的研究对象是"一定历史发展形态的生产方式以及与之相适应的社会生产关系和人们之间的交往关系"。广义的生产关系是指人们在生产的过程中结成的相互关系,包括生产、分配、交换、消费等诸多关系在内的生产关系体系;狭义的生产关系则是指人们在直接生产过程中结成的相互关系,包括生产资料所有制关系、生产中个体间的关系和产品分配关系。其中,生产资料所有制的形式是最基本的环节,在生产关系中起决定作用,因为物质资料的生产方式是社会存在和发展的基础。

影响巨大的《资本论》一书，它主要关注什么？并不是资本，而是资本与人力结合创造的剩余价值的分配问题。即使有再多资本，如果没有人参与，也是无法创造价值的。从前，人们只关注劳动者的剩余价值分配问题，这没错，不过劳动者也是消费者。如今，区块链技术可以直接把相应价值还给所有参与者，而不论他是一个消费者还是生产者。这是对生产力关系的时代诠释，也符合《资本论》的意旨。

马克思说："资本来到世间，从头到脚，每个毛孔都滴着血和肮脏的东西。"这句话大家耳熟能详。其实资本的毛孔里也可以流着道德的血。可话说回来，资本非常容易激发人性中的欲念。当一个人接触过很多资本后，他的思维方式与那些从未接触资本的人是完全不一样的。有句话叫"贫穷限制了我的想象力"，创造这句话的人可能只是为了调侃，但其实它暗藏深层次的道理。哪怕是一个只是曾经拥有过资本的穷人，他的思考方式，他看待金钱的态度，也与从未接触过资本的人完全不同。企业家也好，资本家也罢，抑或是金融家，他们的心理结构与生产车间里的员工是不一样的。普通人的动力各有千秋，但企业家、投资家的动力只有一个，那就是资本。

每一件事情的推动，都有赖于它背后的动力系统。资本思维的诞生与发展，推动了资本主义在过去300年里的飞速发展。从亚当·斯密到大卫·李嘉图，再到马克思，对资本的研究也一脉相承。

在马克思及其之前的时代，经济学的框架就是四个要素，即生产、交换、分配、消费，它自成体系，概莫能外。在那个时代，生产是核心，生产的立足之地则是资本，如土地、矿产、工厂、机器；人依附于资本、机器与生产。生产之后，就是交换，也就是流通。以中华人民共和国成立后的经济发展为例，在计划经济时期，完全是卖方市场，商品供不应求，因而此时的核心就是生

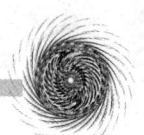

产,只要把产品生产出来,就不愁卖;但改革开放后,工厂越来越多,进口产品也不断涌入,于是产品开始饱和,商品供大于求。这样,企业生产出来的商品,就会被压在库房里,为了将产品卖出去,就要想办法让商品流通起来,于是就需要市场,没有市场就去抢占市场,然后再创造需求,刺激消费。实际上,改革开放之后的市场理论,都是以消费者为中心的。进入21世纪之后,这种趋势则变得更加明显,用一些互联网创业者的话说,就是以用户为中心。

然而,创造了需求之后,并不一定就能将产品卖出去,因为用户还没有购买力。以房子为例,每个人都需要房子,但到目前为止,仍然还有很多人没有房子。为什么?因为买不起。于是便出现了这样一种现象:房地产商盖起来的房子卖不出去,需要房子的人买不起房子。而之所以造成这样的结果,除了炒房团的"功劳",还有一个就是在"分配"上出了问题,而各地政府推出的"限购"政策,可能就是为了解决这个问题。但正所谓"冰冻三尺,非一日之寒",既然这些问题是长时间积累而成的,解决起来,也并非一朝一夕之事。总之,从目前的情况来看,整个经济学的核心,已经不再是生产,也不是交换和消费,而是分配。

公司制的出现是人类生产关系的重大进步。人类从个体劳作走向群体协作,最早出现的公司是无限公司。但是,从本质上来说,无限公司与合伙根本没什么区别,只是取得了法人地位的合伙组织,有了更加完善的法律治理架构。1673年,法国路易十四颁布《商事条例》,将无限公司称为"普通公司",这也是关于无限公司的第一个立法;1807年,法国颁布《法国商法典》,将无限公司改名为"合名公司"。同时,在《日本商法典》中也出现了"合名会社"等词语。无限公司也经历过一段时间的发展,但随着股份有限公司和有限责任公司的出现,无限公司便渐渐在人们的视野中消失了。

从 1555 年开始，英国与俄国开展了贸易往来，第一个现代意义上的股份有限公司自此诞生。17 世纪，在英国、荷兰等国设立的殖民公司中，出现了股份有限公司，如英国东印度公司和荷兰东印度公司。1807 年，在《法国商法典》中，首次明确了"股份有限公司"的名称。如今，在世界公司中，股份有限公司已经占据统治地位。

数字经济时代的到来，解决了资源的分配问题，也必然会改变存续近 400 多年的股份制公司生产关系。目前，公司的主要生产关系由股东和员工构成；未来通过通证经济的改造，股东与员工的界限必然会消除，只要持有公司或项目通证，就是说只要是公司或项目的所有者，就是股东，就能分享所有者权益。

尤其是区块链技术的出现，不仅改造了企业，也改变了人类的生产关系，在人类发展史上具有革命性意义。作家吴思写过两本书，一本是《血酬定律》，另一本是《潜规则》。这两本书描述的都是传统社会，由于不平等，才有潜规则，甚至血酬。潜规则与血酬有一个临界点，能搞潜规则时，人们会尽量选择这种和平的博弈，一旦到了临界点，暴力的本质就暴露出来。当代社会，人们不需要用暴力打击，通过资本碾压便可以使人倾家荡产、万念俱灰。区块链人讲自由平等，因为他们通常是高学历者，对这个世界有更深的认知和更高的要求，他们体会到经济独立才能人格独立。前文我们讲过区块链对现代理论体系的穿透，也讲过现代经济的四大要素，即生产、交换、分配、消费，在这里有必要画出重点，即所谓区块链对现代理论体系的穿透，必须把握分配这个核心，让分配更加合理，不然世界依然是块混沌的铁板。

当前世界存在全球性的分配不合理，部分国家及地区人民贫富差距日益加剧。在现代公司，一个企业的利润老板要拿到 80%，其余所有人加在一起如果能拿 20% 就算好的。如今，很多公司都在讲股权激励，但很多时候它只是

一个遥不可及的愿景。当然也有表现出色的,比如华为,任正非只占了1.4%的股份,其余98.6%属于华为各级层员工,战斗力源于此,创造力源于此,凝聚力亦源于此。而一旦区块链思维贯穿社会并且被提上日程,全社会都会因此变得更加公开透明,每个人拿多少再也不是由少数人决定。

数字经济时代不仅会改变未来生产关系,也会渗透至其他社会要素之中。举例来说,过去经商营利,主打信息差。一块电子表,在广州2元钱成本,运载到内地销售,价格立即翻10倍。因为你不知道它的成本,还以为便宜。同样一款服装,批发价都是100元,有的商贩老实,只卖150元,有的商贩胆大,什么谎话都敢说,国产的硬说是进口货,张嘴就要500元。

时间长了,他们又进一步学会了包装和营销,赚的钱更多,后来直接建立了自己的工厂,或者开了连锁店,或者承包了服装城,渐渐地脱离了小贩的阶层。这些人用短短二三十年耗尽了社会的诚信系统,来获得自身的飞黄腾达。

互联网的到来,使得一切都悄无声息地发生着变化。我们只要打开手机,各类产品便一览无余,价格、折扣、成本、优惠一应俱全。因而有人说,诚信时代到来了。而数字经济时代,则是人们不得不诚信的时代。

著名期刊《经济学人》曾将区块链定义为"信任的机器"。人类社会所有价值交换行为,无一不建立在信任之上。没有信任,我们就无法进行交易。为此我们建立了银行、法律、政府和第三方支付,目的就是搭建起信任的桥梁。但是当第三方也不值得信任,或者虽然值得信任但却必须付出昂贵代价时,我们又该怎么办呢?

数字经济时代的到来,会帮助我们完善信用机制,并且将信任成本降到了趋近于零的超低程度。

## 二、生产关系的四大体系

### （一）生产

生产指的是人类从事创造社会财富的活动和过程，包括物质财富、精神财富的创造和人自身的生育，亦称社会生产。而狭义生产则是仅限于创造物质财富的活动和过程。

随着社会的不断发展，科学技术逐渐变成第一生产力，比如现在比较热门的云计算、物联网、大数据、人工智能、区块链等技术，已经成为最先进的生产力，同时对生产关系产生了决定性的影响。比如，区块链技术的诞生与应用场景裂变式的发展，不仅正在使人类的生产力发生重大的改变，同时也在改变着我们的生产关系——经济基础。这就是笔者说区块链重构数字经济社会的原因。

对于经济学比较关注的人，大概都听说过凯恩斯这个人。作为现代西方最具影响力的经济学家，他创立的宏观经济学与弗洛伊德创立的精神分析法和爱因斯坦发现的相对论，一起被称为20世纪人类知识界三大革命。与此同时，凯恩斯所著的《就业、利息和货币通论》，也经常被人们拿来与马克思的《资本论》、亚当·斯密的《国富论》相提并论，被誉为资本主义世界三大经典经济学理论。后来，凯恩斯还与其追随者共同构成了在理论和政策上具备广泛影响的凯恩斯学派，或称凯恩斯主义。

# 第三章 数字经济改变了生产关系

凯恩斯主义一度在世界经济的舞台上占据着统治地位。凯恩斯主义毕竟只是经济学中的一个分支，而且它不能研究一般经济规律与宏观经济领域的特殊经济规律，甚至不能成为一门真正意义上的学科，所以又被人们称为"就业理论"和"收入理论"。宏观经济学的问题，就在于它把宏观经济领域与微观经济领域割裂开来研究，而使用它的人，又往往把它最重要的建议"适当运用政策"执行过度，以至于自相矛盾。

宏观经济学最关注的一个问题，可能就是就业问题。就业问题的背后则是失业问题，以及失业后的游荡问题。这里面存在一个三难问题，那就是"你不救济，他就游荡""你游荡，他就不救济""你救济了，他也游荡"。这不是学术的问题，而是社会本身的问题。一味地追求有效性与整齐划一，反而会带来更大的问题。不过，在数字经济的加持下，这种问题以及各种社会问题，在未来都可以得到有效解决或改善。

其实，只要梳理各大经济学宗派的理论，我们便不难发现，很多理论体系的基本假设或前提，在进入数字经济时代后，它们都可能会不再成立，因为时代是不断向前发展的，而所有的经济学理论体系，都只能建立在时代的基础之上。

随着社会的不断发展，人类的需求变得更加多元化，因此生产关系也发生了巨变，尤其是进入数字经济社会后，这种改变就更明显了，比如生产的要素、生产的方式、生活的手段，都发生了翻天覆地的变化。

在以前，我们经常听到一些有梦想的年轻人，在说出自己的梦想时会说："我要成为全国某个领域的第一人。"而现在的年轻人，动辄会说："我要做全世界某个领域的第一人。"这实际上是认知带来的变化，而造就这种认知变化的因素，在很大程度上就是科学技术的发展，尤其是互联网的发展。随着互联

网的飞速发展，技术不断更新和升级，使得相应个体在整体中的贡献率日增，但是相适应的结构关系、所得分配并没有多大变化，即使是最先进的互联网公司，个体和组织依然是传统的雇主与被雇关系，所得分配依然不能反映贡献比率。生产关系不平衡已随处可见，中心化组织和超强个体之间的关系不平衡已成为非常突出的矛盾。简言之，那种建立在农业与重工业基础上的社会生产关系，已经不适合目前生产力的发展，甚至会严重束缚生产力，扼杀创新，于是，生产关系的变革势在必行。

而区块链的出现，则给当前生产关系的重建、变革带来希望。我们知道，区块链最大的特点就是去中心化与信任机制的改变，而目前阻碍生产力发展的最大原因，实际上恰恰是中心化组织和人们的失信。中心化组织过大、臃肿、腐败、链条反应迟钝、垄断资源等，所有的这些，都是遏制创新的最主要原因；失信更不必说，不管是一个企业、一个组织，或者一个人，一旦失信，就会对生产关系造成毁灭性的打击。而区块链的技术，则正好有效地解决了这两个问题。

进一步说，区块链不仅会重新定义生产关系，它本身也是一种生产力。改革开放之初，邓小平同志就基于马克思主义基本原理，提出了"科学技术是第一生产力"的伟大论断。而区块链毫无疑问也是科学技术，因此也是第一生产力。鉴于此，在进行区块链实践和探索过程中，我们不能一味追求经济价值和眼前利益，需要深入思考以区块链为代表的科学技术对于社会生产力和生产关系的影响，从更高层次、更多维度认知区块链，从而更好地应用区块链，促进社会生产和价值创造。

数字经济时代的生产不再是稀缺型或以破坏环境消耗资源为代价，它将是一种充裕型的经济，因为数字经济的主要产品是信息。

## （二）分配

分配是指社会的经济资源配置过程，主要是指劳动力、资金或资本、生产资料等资源的分配。生产资料的分配，决定着社会成员在社会各类生产之间的分配性质，也决定着社会成员在生产过程中所处的地位。

我们知道，最健康的社会是橄榄形，中间是庞大的中产，两端是少量的富翁和穷人。现在中国的社会结构，肯定不是橄榄形，也不是相对稳定的金字塔形，而是呈现倒T形，底层庞大，拥有占比很小的财富，而拥有巨富的那一竖同样占比极小。这种结构就好比一根柱子支撑起一座房子，非常不稳，风险显而易见。

简单来说，现在资本在国民财富初次分配中占比太大了，而劳动在分配中的占比过小。试想一下，如果终其一生都无法改善这种状况，人们会怎么做？绝大多数人会尝试加入一个游戏：财富再分配的游戏。比如资本市场，参与者为了各自的憧憬，调动全部资源与聪明才智，充分博弈，你来我往，忽而收获，忽而损失，心脏狂跳，确实刺激。刺激之后，社会财富一般就发生了变化，完成了二次分配。当然，这个分配依然是严重失衡的：大多数人的荷包要瘪一瘪，少数人的荷包才会鼓起来。

著名经济学家吴敬琏先生曾认为，中国股市坐庄、炒作、操纵股价等活动登峰造极，由此实现的财富转移及再分配数字有多少谁也说不清。创业板设立当天就造就了13位十亿级富翁，北京银行上市首日便造就了78位千万富翁，南京银行上市当天也造就了66位百万富翁，宁波银行上市则造就了7位亿万富翁级高管。

再如炒房，房产早已成为财富再次分配的"利器"，有见识的人至少在10年以前就看到了这一点。房产的居住属性一再被弱化，而投资属性被过分强化，成为财富再分配的途径。这就导致了房屋、土地成为工业文明时代重要的生产要素，谁掌握了更多的生产要素，谁就掌握了分配权，谁就是最大的受益者，因为在整个生产关系中，他是居于顶层位置的阶层。由于房价涨速过快，拥有资本和房产的富人更富，穷人更穷。这就是目前房地产的现状。房地产自从投资属性占了上风甚至开始主导之后，投机就时刻不停地尾随其后，自此房地产的问题也就越来越严重。

2017年，有一个关于人工智能与财富再分配的话题，具体地说是如果应用人工智能，能否解决贫富差距？在日内瓦的相关峰会上，专家、学者、政策制定者和人道主义者进行了激烈的讨论。答案就是不现实。首先，鼓励机构或大公司开发有益于大众的人工智能系统本身就很可笑，毕竟，大家都需要面对一个问题：钱在哪里？

事实上，所有新技术的问世与采用，都随着一场财富再分配，它们会产生另外一种不等式，会让那些旧技术的使用者受到新技术的排斥，同时掌握新技术还需要确定的学习能力和获取人力资本的能力，因此那些最初能力较差的人通常不会受惠于新技术，反而会深受其害。譬如，最近一则新闻说京东开始应用无人机配送，将大量节约人力成本。问题是，这将被节约下来的人力成本会怎样？失业吗？我们当然不反对新技术，但任何技术都不能太冰冷，都应该具备人文关怀。

经济学里的分配当然包括对生产资料的占有程度，包括对社会财富的占有。以往的社会中，包括互联网时代，总是少数集团和个人拥有大量社会财富。这也包括互联网时代。

在数字经济时代，由于智能代码和机器信用，财富的分配通过机器确认和智能合约分配。数据这种生产要素存在于生产的各个环节，信息的流动通过

分布式的记账来传播,全社会共享这种数字生产要素,将彻底改变财富的分配机制。

## (三)交换

交换指人们相互交换活动或交换劳动产品的过程。从总体上看,交换可分作四类:第一类是生产过程中产生的各种活动和各种能力的交换。例如,在生产过程中,劳动者之间在分工与协作过程中进行的活动和能力的交换。第二类是生产过程中的产品交换。例如,在同一生产单位内,生产过程中各道工序之间的原材料或半成品的交换。第三类是产品在最后进入消费领域之前,各个不同生产单位之间在产品生产、运输、包装、保管等过程中的交换。第四类是直接为消费而进行的交换,即产品进入最后消费领域的交换。在这四类中,第一类交换属于直接生产过程;后三类交换则是联结生产、分配和消费的中间环节。

而在交换的过程中,作为产品的物件交换和作为商品的物件交换,也是有区别的。第一,定义不同。产品交换是指两种不同的产品在双方的需求下进行协商交换,从主观上来看,这两件产品的价值是相等的,而且不作为商品进行交易,只是单纯地进行交换。双方在交易时不涉及现金,也没有第三方介入,在相互交换中达到双赢的效果。而商品交换是以货币为媒介进行的交换,也就是真正意义上的买卖关系。第二,起源不同。产品交换起源更早,是古代较早的交易模式;而商品交换则是有了货币和市场之后才开始的。第三,时空上的不同。产品交换是同时进行,以物换物;商品交换则既可以同时进行(一手交钱一手交物),也可以在时空上分离,比如客户先下订单,先交订金,企业再按订单量生产商品,或者生产商先把商品发给经销商,等经销商把商品卖

出去之后，再给生产商回款，又或者用户先把钱打到第三方平台上，售卖方再发货，等用户收到货后，第三方平台再把钱转给售卖方。

另外，如果从流通的角度来看，数字货币的优势是显而易见的，因为它具备了低成本、不可复制、快速交易、随意分割等优势，除了代表货币，还可以代表一切可以交易流通的资产、房产、艺术品、证券等传统的离线资产或物理资产。我们都知道，这些传统资产的交易限制很多，首先要确认资产是否属实存在，还要确认资产的交易买卖双方是否可信，买方担心资产作假，卖方担心对方没有钱，同时资产的交割也有巨大的成本，往往需要第三方权威机构介入提供信用保障。而区块链的代币，可以将这些资产电子化、数字化，打消了因为不信任所形成的这些传统资产的流通和交易门槛，也会因此激发这些传统资产之间的自由流转，突破了传统交易场景的限制，形成未来巨大的流通价值。

## （四）消费

消费是社会再生产过程中的一个重要环节，也是最终环节。它是指利用社会产品来满足人们各种需要的过程。消费又分为生产消费和个人消费。前者是指物质资料生产过程中的生产资料和生活劳动的使用与消耗。后者是指人们把生产出来的物质资料和精神产品用于满足个人生活需要的行为与过程，是"生产过程以外执行生活职能"。它是恢复人们劳动力和劳动力再生产必不可少的条件。

研究表明，中国消费者群体目前呈现出四大关键趋势：（1）对国家经济前景及自身消费力充满信心，但其消费力受到来自家庭债务、收入增长、房价及中国老龄化进程等几方面的影响；（2）中国消费者比以往更加注重健康，愿意

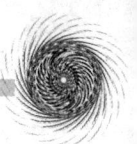

为之付费,但不同消费者对健康的定义各不相同;(3)以"90后"消费者为代表的新群体正在成为消费新引擎,并且具有鲜明的多样性;(4)消费者对品牌及其归属地的认知更加细致。

在新消费时代,行业玩家们一方面需要从更深层次读懂和取悦消费者,另一方面需要借助技术实现生产和营销的升级。

首先,关注买方链的整体需求。在竞争极为激烈的市场中,谁更能精准洞悉消费者的心理和行为,更能满足其需求,谁就更有机会赢得他们的心。简言之,也就是众所周知的用户思维。如果真是这样的话,当然是好的,但事实却没有那么简单。所有的商家都知道"客户就是上帝"这个道理,但客户和用户却是两个不同的群体,二者不能混为一谈。客户是付钱的人,但未必是最终的使用者;用户是最终的使用者,却未必付钱。举个众所周知的例子,礼品市场一向都是买的人不用,用的人不买。对此,用户思维的提出有其合理的一面,但它依然是片面的。因此,用户思维只是手段,客户思维才是目的。

目前,供给侧结构性改革正如火如荼,相对于供方来说,购买者、使用者、维护者、决策者、推荐者、影响者等这些角色都属于买方,他们共同构成了"买方链"。链中每个角色的需求和关注点都是多元的,有时甚至是矛盾的,比如孩子可能会喜欢更适合玩游戏的电子产品,但父母肯定不喜欢,因此企业要尽可能照顾到每个角色的价值诉求,虽说不可能完全做到让所有人都满意,但必须超越客户和用户思维,关注买方链的整体需求、体验以及全方位的价值。

其次,建立自己的数据库。互联网的思维是跨界、大数据、简捷与整合,其中最为关键的是大数据。所谓大数据,就是一切皆是数据。比如,你用的手机号是中国移动的,那么你的名字就保存在了中国移动的数据库中;你实名注册了微信号,那么你的名字就保存在腾讯公司的数据库里;你用了支付宝,

那么你的名字就保存在阿里巴巴的数据库里……很多做"互联网+"的企业，之所以希望客户使用他们的App，为的就是建立自己的数据库。数据库就是资源库，除了能够从中筛选客户，进行精准推销，相关分析人员还可以通过对大数据进行分析，了解自己公司的盈亏乃至整个行业的现状。另外，在物质极为丰富、竞争日益激烈且用户需求日益个性化、差异化的互联网时代，大一统的标准化产品已经很难得到用户的青睐，因此通过对目标客户群体的行为习惯进行数据收集和分析，不仅可以更好地把握其偏好，也可以更好地满足其个性化需求。

# 三、数字技术给传统行业带来的冲击

数字技术在发明之初，纯粹是为军事服务的。第二次世界大战期间，英国数学家阿兰·图灵为了破译德军的密码，设计了第一台名为"巨人"的电动机械式计算机。"巨人"虽然只是一台用于解码的假想计算机，却开创了数字技术的先河。

1946年，第一台真正意义上的计算机在美国诞生，这个占地150平方米，重达30吨的"大块头"，每秒可执行5000次加法或400次乘法运算。这对于当时的科学技术来说，已经相当厉害了。

之后，在冯·诺伊曼教授的理论指导下，计算机技术实现了突飞猛进的发展，第二代、第三代、第四代相继出现，后又发明了笔记本电脑和智能手机。可以说，计算机技术是人类20世纪最伟大的发明，它的出现延伸

了人类的大脑，它的运算速度与逻辑计算能力，帮助人们实现了无数技术领域的突破。从此，人类的"碳基"大脑，开始有了"硅基"大脑这个新伙伴。

互联网诞生于20世纪60年代的美国军方实验室，最初只是很简单的计算机之间的网络通信，用于研究机构之间共享传递情报。到了20世纪80年代末，一批科学家提出了万维网概念，而同时互联网传输控制协议和因特网协议也日趋成熟，这为全球计算机联网通信制定了统一标准。至此，互联网得以向全世界扩展。

在第一个大规模商用浏览器"网景"诞生之后，互联网的商业化也随即到来。从此，不仅互联网企业登上历史舞台，成为全球政治、经济与文化发展的重要推手，人类的工作与生活方式也因此而彻底改变。1975年，比尔·盖茨与保罗·艾伦一起创办了微软公司；1976年，史蒂夫·乔布斯、斯蒂夫·沃兹尼亚克和罗·韦恩共同创办了苹果公司。22年之后，也就是1998年，马化腾在深圳创办了腾讯公司；1999年，马云在杭州创办了阿里巴巴。从目前全球市值最高的公司排名来看，苹果和微软分别排在第一位和第二位；而阿里巴巴和腾讯则排在第七位和第八位。

如今，互联网的发展规模与发展速度，已经超出当时大多数人的预料，新的技术日渐成熟，新的产品层出不穷，新的公司不断崛起……在互联网高歌猛进的当下，一切都在发生改变。在这些变化中，人工智能逐渐从"幕后"走向"台前"，就像隐世的高手一样，带来新的希望、新的憧憬。

技术的发展与更新，在带来更实用、更先进工具的同时，必然会淘汰那些旧有的工具。在第一次工业革命中，蒸汽技术的使用，几乎改变了整个社会形态，而这种改变最初就体现在生产力与生产关系上。

当蒸汽机投入使用后，机器生产开始取代传统手工业，生产力出现了突飞猛进的进步。此时，为了更好地进行生产管理，提高效率，大型工厂被建立，掌握新技术的工人开始集中生产，就这样，一种新型的生产组织形式——工厂诞生了。

工业革命的影响最先作用于纺织业。在英国纺织工厂里，熟练掌握和使用机器的工人，大大加快了织布的速度，生产效率的显著提升，也让整个纺织业快速进入腾飞期。1840年左右，英国大机器生产已基本取代了传统手工业，与此同时，使用机器者和拥有机器者之间的生产关系就此形成。

高效的生产力和全新的生产关系，带来的是焕然一新的社会形态。而在新事物推动人类向前时，必然会将旧有的事物留在身后。就拿纺织业来说，那些不愿意改变、不适应改变的手工劳作者，依然固守着陈旧的工具和生产方式，而他们所创造的价值远不及充分利用机器的工厂，因而最终只能被淘汰。

其实，技术的进步是强大而又残酷的，而作为人类的个体，我们无力抵抗，更没有必要抵抗，只能善加利用，才是最好的出路。在技术的不断更新之下，注定有一些行业会消失。总而言之，物竞天择，适者生存，某些行业的消失，实际上也是社会进步的需要。

在时代发展的历程中，技术的更新换代，给商业领域带来的影响也越来越显著。我们都知道，商业竞争的关键，无非在时间、成本、质量和用户体验之间取得一个有机的平衡。技术恰好可以帮助企业降低成本，提高生产效率。更神奇的是，技术发展带来的突破，又赋予了产品更好的使用体验。比如，今天的我们，如果想听音乐时，只要带着手机，随时随地都可以听。可你知道吗？从黑胶唱盘到录音带，从CD播放器到

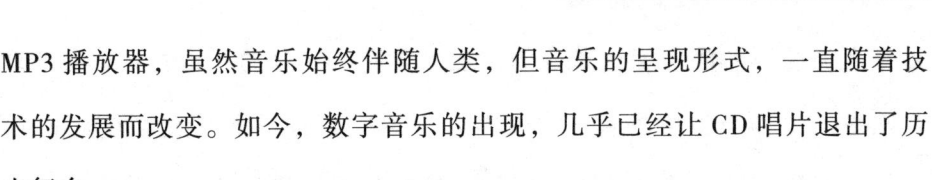

MP3 播放器，虽然音乐始终伴随人类，但音乐的呈现形式，一直随着技术的发展而改变。如今，数字音乐的出现，几乎已经让 CD 唱片退出了历史舞台。

与 CD 唱片一起消失的，还有胶片相机与胶卷。1991 年，数码相机出现在大众视野中，在与传统胶片相机竞争纠缠了一二十年之后，最终将对手淘汰掉。然而，螳螂捕蝉，黄雀在后。随着智能手机摄影技术的不断进步，数码相机又开始步胶片相机的后尘，很快被更加方便的手机摄影取代。

技术的发展，让我们周围的一切都在发生剧烈的变化，我们看到旧的事物消失，同时见证新兴事物的崛起。

微软和英特尔，是计算机时代的王者，微软的创始人比尔·盖茨的"让每个人的桌面都有一台计算机"的愿景，彻底改变了人类的工作和生活方式。但是，如果 20 年前有人告诉你，有一天手机将成为你形影不离的"伙伴"，你大概不会相信。然而，现在当你出门时，如果忘了带手机，你可能就会不知所措。没错，智能手机行业的迅速崛起，就像若干年前计算机的崛起一样，正在改变我们的生活方式和思维习惯。

随着通信技术与移动网络的发展，我们的衣、食、住、行，统统可以依靠智能手机来完成，出门打车、点外卖、网购、生活缴费……可以说，智能手机已经成为每个人最为依赖的"伙伴"。与此同时，苹果、华为、小米等手机制造厂商，也成为商业领域的"贵族"。但是，随着以"万物互联"作为愿景的物联网技术的崛起，这些曾经的技术"革命者"，还能再辉煌几年呢？

常言道："太阳底下，无新鲜事。"当我们见证了从电传机、传真机、寻呼机、大哥大、计算机、智能手机的迭代变化，当我们了解了过去几

百年人类经历的数次工业革命的历程,我们有充分的理由相信,我们现在熟悉的工作与生活场景,也会因为科学技术的不断更新而再次改变。而作为时代一粒尘埃的我们,要想引领时代的潮流,不被时代淘汰,那就必须去了解改变将从哪里开始,又正在向何处演变。美国著名的畅销书作家托马斯·弗里德曼认为,在全球一体化时代,社会上有三个"大众化"特征,即技术、金融与信息的"大众化",其中以技术的大众化影响最为深远,是另外两个领域大众化的基础。技术的大众化,会极大地推动普及原来仅由专业人士独享的专业知识与工具,也因此改变普通民众积极获取与掌握专业知识和技能的信心与能力。比如,在家中就可以通过搭建IT环境,建成"大户室"炒股;在家中建立创客实验室,开发智能产品。这些在以前不可想象的情景,今天已经成为现实。而对于这些改变,如果你根本没有察觉,或者即使有所察觉,却觉得跟你没有任何关系。那么,在不久的将来,也许你正在从事的工作,也跟你没有任何关系了。

这并不是危言耸听,美国的亨德森在沃尔玛工作了16年,已经59岁的她,目前已经失去了这份工作,因为公司使用技术将她负责的工作进行了集中化处理。

亨德森在沃尔玛的同事们,也面临着同样的困境。目前,沃尔玛已经开始用机器取代部分岗位,比如Cash360,这是一台通过数字化方式将钱存入银行的机器。如今,全美4700家沃尔玛门店都已经配备一台Cash360,这也导致了数千个工作岗位因此而消失。

与此同时,在德国西门子公司旗下的一家产品生产基地里,以下场景正在按部就班地进行着:

生产线上，所有工件都已在虚拟环境中被安排规划，它们有自己的"名字"和"地址"，具备各自的身份信息，它们就像"自然人"一样，明确知道自己的目的地。

在生产过程中，它们将在错综复杂的自动化传输线上有序流转，它们"知道"什么时候，在哪条生产线或者哪个工艺过程需要它们。在每一个分岔路口，工件会暂停1—2秒，识别去向信息，然后选择所去的方向。

在加工过程中，产品的所有相关数据，都储存在自己的"数字化产品记忆库"中，以便精确追踪生产中的每一个步骤。加工结束后，通过光学设备或其他测量设备，可以对工件自动检测，现场即可马上将不合格产品剔除。

假如有机器设备需要补给或者维修保养，提前就会发出请求，系统会记录需要使用资源的数量，并对库存进行更新。

在整个生产过程中，生产设备与计算机自主处理了75%的流程工作，剩下的25%，才由人工完成。

这些改变不仅发生在工厂里，在写字楼里也同样上演着。

在美国纽约的一家律师事务所里，一台名为Ross的人工智能律师在2016年开始了它的"职业生涯"。Ross是一台可以"全身心"为雇主考虑的法律天才，它主要负责处理公司的破产等事务。和人工律师相比，Ross的收费也更加便宜，更为实惠。

总之，在数字化的时代里，数字技术还会不断走进和改变人类的生活，给人类带来更多惊喜。数字技术一方面给人类社会带来了更多的方便，比如3D打印机、物联网、5G网络、意识控制等；另一方面数字技术的发展，也给传统的行业带来巨大的冲击，甚至会使一些行业从此消失。

## 四、数字经济重构生产关系

古希腊哲学家赫拉克利特说过："唯有变化是永恒的。"的确是这样，改变一直在发生，而技术的更新换代也是具影响力的改变之一。

18世纪60年代，第一次工业革命拉开序幕，蒸汽技术把人类从手工业时代带入科技时代。据说，蒸汽技术的发明者瓦特，实际上只是蒸汽技术的改良者。在瓦特的改良下，蒸汽纺织机、蒸汽火车、蒸汽轮船的出现，使人类的手脚逐渐从繁重的劳动中解放出来，机器也开始得到普及与发展。

19世纪70年代，新技术与新发明不断涌现，随着电力技术的不断改进，第二次工业革命也随即拉开。在这次技术变革中，人类迎来了"电气时代"，更明确的工厂分工，大批量的生产流水线，明显提升了生产力，汽车、飞机的应用，更是让人与人之间的距离不断缩短。

20世纪40年代，全新的科学技术革命再次爆发，航空航天、原子能、化学、电子计算机等领域都出现了巨大的技术突破，宣告着第三次工业革命的到来。在这次工业革命中，计算机与互联网技术扮演着极为重要的角色。

2013年4月7日，德国汉诺威工业博览会如期举行。来自全球65个国家和地区的5000多家厂商参展。我国有近600家参展商，其规模仅次于东道主德国。在为期5天的展会中，"工业4.0"概念备受关注。舆论认为，作为工业领域的全球领先展会，汉诺威工业博览会推动了"第四次工业革命"的到来。

2016年，世界经济论坛创始人克劳斯·施瓦布教授在其所著的《第四次

工业革命——转型的力量》一书中,再次宣告:第四次工业革命正在发生。

那么,第四次工业革命的主要特点是什么呢?其实,第四次工业革命是第三次工业革命的延伸和升级,因为第四次工业革命是以人工智能、机器人技术、虚拟现实、量子信息技术、可控核聚变、清洁能源以及生物技术为技术突破口的工业革命。而这些技术的突破,也是建立在信息技术和互联网的基础之上的。

在第四次工业革命中,随着科技进步导致的社会自动化与智能化程度的提高,有相当一部分现有的工作,将会被机器所替代,这与第一次工业革命发生时的情况有些相似。但是,无论是在高度自动化的生产化环境中,还是在瞬息万变的商业活动中,人类的创造力与创新能力,以及评估判断的能力,非但不会被机器所替代,反而会在机器的帮助下,得到极大的强化。当然了,具体到个人、公司或国家的层面上,到底是被机器所代替,还是得到机器的强化,在很大程度上,取决于我们对科技的态度。也就是说,面对时代的大变局,我们到底是随着科技的步伐,完成自身的转型,积极拥抱科技的力量,还是故步自封,拒绝与时代共同进步,这将成为我们能否适应时代变革的关键因素。

随着第四次工业革命的来临,那些简单重复,并无太多技术含量的体力劳动岗位,首先会被机器替代。目前,在智能制造工厂里,机器已经成为生产的"主力军",人工已经从生产的第一线退居幕后,从事编程等更具技术含量的工作。在未来,随着技术的日趋成熟,更多工作将被自动化,甚至像律师、医生、金融分析师等这些脑力劳动者,也将被机器取代。

自动化机器的大规模使用,不可避免地会让一部分人失去工作,但一些需要掌握机器、使用机器的岗位也会随之出现。因此,当我们的双手逐渐被机器取代时,我们不妨趁势将自己的双手解放出来,再用我们的大脑去学习掌握

操控机器的技能,从而拥有更美好的生活。

从历史发展的规律来看,在时代的岔路口,往往会出现三种人:第一种是怨天尤人,拒绝改变,逃避现实,这种人终将被时代淘汰;第二种是顺势而为,跟随潮流,适应改变,这种人总能享受时代进步的成果;第三种是大胆创新,引领潮流,实现科技的突破,这种人将成为时代的改革者与生活的强者。

在第四次工业革命到来之时,虽然大部分人很难成为时代的引领者,但只要我们能够顺应时代发展的潮流,自然就能够享受到这个时代的红利。

事实上,第四次工业革命带给我们的,将是更高的工作效率、更好的生活体验,这些体验包括教育、医疗、能源、健康等。让我们来畅想一下,在不久的将来,当我们要去医院看病时,不需要再大半夜就起来,到医院去排队挂号;在能源方面,太阳能、风能、生物能等技术的开发,将让我们的环境变得越来越好,天空变得越来越蓝,河水变得越来越清;在健康方面,生物学与基因技术的发展,将解开更多人体的奥秘……总之,随着智能技术的不断突破,人类社会将迎来前所未有的高度文明时代……

# 五、千年大变局

人们经常用某个时代最具代表性的生产工具来代表一个历史时期,比如石器时代、红铜时代、青铜时代、铁器时代、蒸汽时代、电气时代、原子时代,等等。从18世纪中叶起,人类开始进入工业时代,到20世纪中叶,在短

短的200年间,人类社会共发生了三次工业革命。

正是这三次工业革命,使得人类发展进入了空前繁荣的时代。然而,在经济进入高速发展的同时,造成了巨大的能源和资源的消耗,使地球的环境受到巨大的污染,自然的生态遭到严重的破坏,急剧地扩大了人与自然之间的矛盾。进入21世纪后,人类面临空前的全球能源与资源危机、全球生态与环境危机、全球气候变化危机的多重挑战,由此引发了第四次工业革命——绿色工业革命。

在过去200多年世界工业化、现代化的历史上,中国曾先后失去了参与三次工业革命的机会。尤其是在前两次工业革命过程中,中国都是被边缘化者、落伍者,急剧地衰落。也正是由于错失了参与工业革命的机会,中国GDP占世界总量比重,由1820年的1/3下降至1950年的不足1/20。中华人民共和国成立后,中国在一穷二白的情况下,发展国家工业化,同时进行了第一次、第二次工业革命,终于在20世纪80年代的信息革命中,赶上了第三次工业革命的末班车。如今,经过40多年的追赶,中国已经成为世界最大的ICT(信息通信技术)生产国、消费国和出口国,正在成为领先者。进入21世纪后,中国第一次与美国、欧盟、日本等发达国家站在同一起跑线上,在加速信息工业革命的同时,正式发动和创新第四次绿色工业革命。

这是一场全新的绿色工业革命,它的实质和特征,就是大幅度地提高资源生产率,经济增长与不可再生资源要素全面脱钩,与二氧化碳等温室气体排放脱钩。从历史视角和工业化的角度观察,我们可以清晰地认识到,在第四次工业革命中,中国不仅是参与者,也是引领者。而这一点,不管是对于中国来说,还是对于世界来说,都是"千年未有之大变局",因为这是中国第一次从真正意义上融入世界,并引领世界。

在第四次工业革命中，大数据、人工智能、物联网、云计算、区块链、5G通信等这些日新月异的技术，正在改变这个世界。

## （一）实现经济发展方式的转变

绿色工业革命的目标首先是实现碳排放的"脱钩"，这包括三方面的内容：一是促使已有的"黑色"或"褐色"能源"绿化"，即采用能耗更低、更清洁的方式使用化石能源，使能耗的污染强度下降；二是促使化石能源的使用与经济产出之间"脱钩"，尽量减少化石能源在经济生产和消费中所占的比重；三是促进非化石能源、可再生能源、绿色能源的大幅上升，并促进这类能源的利用最终占据主导地位。

在碳排放"脱钩"的基础之上，绿色工业革命要求加快转变经济发展方式，促使生态资本相关要素的"全面脱钩"，包括土地资源、水资源、生态环境资源，等等。要实现这一目标，主要分成两步走：第一步需要在技术、制度、组织和物质资本投入等多方面因素的共同作用之下，提高资源利用效率；第二步则是尽早达到各类资源使用的"峰值"，这样就能促进其出现下降，从而实现生态资本要素的"盈余"。

## （二）转生态赤字为生态盈余

进入21世纪后，我国就确立了"推动整个社会走上生产发展、生活富裕、生态良好的文明发展道路"的基本方向，率先制订了含有绿色发展指标的国家规划，建设资源节约型、环境友好型社会，实行绿色发展战略，开展世界上最大规模的绿色投资，包括生态建设、环境治理、节能减排等方面的投资，占GDP比重从2001年的1.70%上升至2010年的3.94%。党的十八大将生态文明

建设写入大会报告和党章之中,成为中国生态文明的宣言书。这势必加快经济发展方式的转变,促进绿色发展和低碳发展,促使生态赤字转向生态盈余,开创一条绿色工业革命的新路,引领第四次工业革命。

## (三)实现无纸化办公

无纸化办公,即不用纸张办公,是指利用现代化的网络技术进行办公,其主要传媒工具是计算机、iPad、手机等现代化办公工具,可以实现不用纸张和笔进行各种业务以及事务处理。

在无纸化办公环境中,计算机、应用软件和通信网络是三个最基本的要素。无纸化办公将人从烦琐、无序、低端的工作中解放出来,从事核心事务,整体提高了单位办事效率和对信息的可控性,降低办公成本,提高执行力,使管理趋于完善;是为社会减少纸张的浪费,提倡环保办公的理念,也是预示现代科技时代的来临。

有数据显示,美国办公室工作人员每年打印或复印的纸张数量高达 1 万亿张。如果再加上诸如收费票据、发票、银行账单等这些专用纸张,这一数字甚至可以达到 1.6 万亿张。

那么,1.6 万亿张纸是一个什么概念呢?

如果我们将这些纸张从下至上堆叠在一起的话,它们的高度甚至是珠穆朗玛峰的 1.8 万倍,几乎可以覆盖从地球到月球一半的路程。

事实上,早在 40 年前,就有人提出了"无纸化办公"的概念。在 1975 年的一期《商业周刊》中,一名来自理特管理顾问公司的分析师就预计纸张在办公室的使用量将在 1980 年开始逐渐减少,并在 1990 年开始彻底消失。

但在真正的实践中,直到 2007 年,"无纸化办公"的分水岭才开始出现,

从这一年起，家庭和职场中打印纸张的数量首次出现了明显下滑。另有数据显示，最近5年来，职场中对于纸张的使用量已经出现了每年下降1%—2%的稳定趋势。就拿2016年来说，全年职场打印和复印纸张的预计数量相较2007年的顶峰期将迎来10%的下滑。

应该说，这一趋势的出现同诸如电子签名技术以及平板电脑和移动设备的普及都有着密不可分的关联。[1]

随着第四次工业革命的到来，很多传统公司也开始由传统纸质化办公转向无纸化办公，协同办公系统的方便和快捷也在日常办公中得以体现。

相比传统办公方式，无纸化办公最大的优势就是时间上和流程上的优势。在协同办公系统中，只要你登录手机App，就可以审批文件和财务报表，完全不存在时间上和地域上的耽搁，从而大大提高了工作效率。

自无纸化办公方式进入市场之后，可以明显感觉到这种无纸化办公方式的优势。节约纸质上的交流传递，减少了印刷、笔墨、订书钉等办公用品费用的支出，大大节约了资源。而且，企业可以通过协同办公平台，在平台上共享资料信息，员工可以在第一时间看到最新的通知、资料等。后期文件的存档入档、查找等，也更加方便、快捷，从而大大提高了工作效率。

根据阿联酋的官方报告，目前在整个阿联酋辖区内的41个独立的联邦实体和部委中，96.3%的办事流程都使用智能化的应用端。人们只需要按一下按键，就可以随时进入阿联酋政府的所有公共服务，实现了政府面向全体公民的即时服务，也提升了每个政府工作人员工作的透明度。如今，阿联酋面临的挑战是酋长能否与国内所有联邦实体和部委的智能化服务实现无缝连通，同时，提高所有智能应用的质量，升级应用实现保持系统与技术更新同步。

---

1 《无纸化办公这次可能真的要来了》，载《腾讯科技》2016年9月19日。

其实,不仅仅是阿联酋,现在很多国家政府开启了无纸化办公模式,比如我国在"两会"期间,就全面开启了这一模式,除了留下存档的印刷,简报全部用电子版的形式发给代表。人大代表人手配置一部安全智能终端,可以随时随地发布建议、查找会议文件、阅读会议简报等,更低碳、更高效。

总之,科技进步和新技术的出现带来的变化,毫无疑问将影响整个世界。不过,我们必须清楚,科技进步虽然可以帮助我们人类解决很多问题,但科技毕竟不是万能的,尤其是人类自身的问题,仍将在技术解决的范畴之外。但不管怎样,对于这个千年未有之的大变局,我们都应该积极地去拥抱,因为我们从来没有像现在这样,真正地与世界融为一体,更何况现在的我们,比历史上任何时期都更接近、更有信心和能力实现中华民族伟大复兴。

# 第四章

## 现代流通体系构建

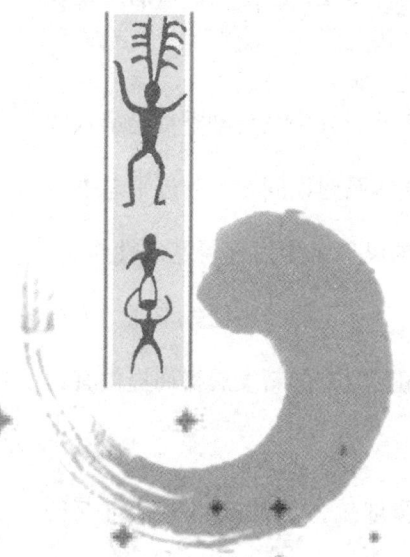

流通一般是指商品和货币的流转。广义的流通是指商品的买卖行为以及相互联系、相互交错的各个商品形态变化所形成的循环的总过程,它使社会生产过程永不停息、周而复始地运动;狭义的流通是指商品从生产领域向消费领域的运动过程,由售卖过程和购买过程构成,它是社会再生产的前提和条件。

人类自有物品交换以来,流通就介入生产与消费之间,随着人类的进步和社会的发展,流通领域就变得越来越宽广,内涵越来越丰富。现代流通业已集物流、信息流、资金流和人才流于一体,在这些流通的项目中,信息流是重中之重,因为在数字经济时代,信息就是生命,信息就是效率,信息就是灵魂。一个国家经济发展得怎么样,与信息的流通,更是有着直接的关系。

现代流通体系是构建新发展格局的关键着力点,是国内大循环的基础骨架,也是国内国际双循环的市场接口,是深化改革的关键着力点。加快现代流通体系建设,现代流通业有必要实现三大转变:一是从产品的交易者向生产的组织者转变;二是从市场的接受者向消费的引导者转变;三是从价值的实现者向价值的提升者转变。

2020年9月,中共中央总书记习近平同志主持召开中央财经委员会第八次会议,专门研究了畅通国民经济循环和现代流通体系建设问题。习近平总书记在本次会议上发表重要讲话,强调流通体系在国民经济中发挥着基础性作用,构建新发展格局,必须把建设现代流通体系作为一项重要战略任务来抓。为构建以国内大循环为主体、国内国际双"循环"相互促进的新发展格局提供有力的支撑。

把现代流通体系建设提升到国家重要战略地位,这释放出极其重要的

信号：那就是，加快形成以国内大循环为主体、国内国际双循环相互促进的新发展格局，是根据我国发展阶段、环境、条件变化做出的战略决策，是重塑我国国际合作和竞争新优势的战略抉择，是事关全局的系统性深层次变革。

在新发展格局下，扩大内需特别是消费需求，将成为基本立足点。经济的增长，离不开消费与投资，而在这个过程中，需要内需与外需协同拉动。而现代流通体系的构建，将物流成本不断降低，同时提高物流的组织效率，进一步激发和释放消费潜力。在服务创新上，进一步满足客户的个性化、品质化、精准化等需求；在服务网络上，进一步补齐城乡物流短板，降低末端成本；在服务水平上，进一步提升国际货运能力，并不断完善国际物流供应链体系。

现代流通体系的构建，离不开数字化；数字经济，尤其是融合型的数字经济，更离不开现代流通体系。

# 一、我国流通体系现状

目前，我国流通现状，主要表现在如下几点。

第一，流通理论滞后于实践，缺乏理论指导。

第二，流通发展方式粗放。我国许多流通企业在发展过程中存在急功近利的思想，导致发展方式粗放，主要表现为以下两类：一是违背商业规律，不顾自身实力及真实市场需求，单纯追求规模大，重复盲目建设现象严重；二是

不少流通企业在快速发展中弄虚作假、侵犯消费者权益。商业资本盲目扩张致使商业企业过度竞争、不当竞争、恶性竞争现象严重,导致流通效率低下、流通成本高昂。

第三,个别流通领域呈现出一定的垄断趋势。

第四,顶层设计不足,政策落地难。尽管近年来国家出台了一系列扶持流通产业发展的政策文件,但一些政策措施因为缺乏顶层设计和配套措施,具体执行中难以落实到位。

第五,流通监管面临无的放矢的境地。

第六,需要创新流通管理方式,提高流通管理效率。

第七,现代化、信息化程度不够,数字化更是未能很好地设计和推广。

上述七点是我国当前流通体系的基本情况,也可以说是我国流通体系的劣势。除上述七点外,也还有一些优势,如体量大、国家战略重视、起步高、发展潜力大,等等。至于如何将优势发挥出来,补足其中的劣势,笔者认为供应链上的数字化改造,是非常有必要的,它会为我们的现代流通体系带来根本性的改变,也会给产业带来更多的就业、增加消费、拉动投资,赋能外循环。

针对我国当前的流通现状,国务院发展研究中心产业研究部研究室主任魏际刚提出:"中国正在经历'物流革命',我们必须把握数字化浪潮,以用户为中心,把数字化作为新要素,推动整个产业生态新发展。"

魏际刚表示,从中国物流业目前发展现状来看,无论是物流货运周转量还是基础设施规模,中国均位于世界前列。"我们通过国家物流体系建设与全球物流体系建设来推动物流现代化,而物流现代化有多个维度,首先是理念和模式,然后还有供应链、城乡关系等方面。预测到2035年,中国将成为全球

物流领跑者,成为世界最大物流枢纽和平台。"

国家邮政局政策法规司司长曾军山也提出,最近10年来,我们邮政快递业不仅实现了量收的增长,更重要的是赋能了生产、分配、流通、消费方式转变与效率提升,拉动作用显著。我国邮政快递业的基本面长期向好,用邮需求旺盛,人力资源丰富,创新驱动有利,市场空间广阔,发展韧性强大,制度优势显著,治理效能提升,因此继续发展具有多种优势和条件,仍处在大有作为的战略机遇期。

其实,不管是国内循环还是国际循环,都离不开高效的现代流通体系。因此如何打通堵点、补齐短板,推动现代流通体系建设,让新发展格局血脉更畅通,已成为流通业首要解决的问题。对此,中国物流与采购联合会副会长贺登才表示,我国物流未来发展的着力点主要在四个方面:一是全方位、多视角的需求捕捉力;二是智能化、网络化的持续创新力;三是市场化、全球化的品牌影响力;四是供应链、价值链的核心竞争力。

## 二、供应链管理

供应链是指围绕核心企业,通过对信息流、物流、资金流的控制,从采购原材料开始,制成中间产品以及最终产品,最后由销售网络把产品送到消费者手中。供应链最明显的一个特征就是,将供应商、制造商、分销商和用户连成一个整体。成功的供应链管理,可以达到协调并整合供应链中所有的环节,使之成为无缝连接的一体化的目的。

早在 2001 年,《财富》杂志就已经将供应链管理列为 21 世纪最重要的四大战略资源之一。目前，供应链管理已经成为世界 500 强企业保持强势竞争不可或缺的手段，无论是制造行业，还是商品分销或流通行业；无论是从业者，还是创业者，要想掌控所在领域的制高点，就需要掌握供应链的管理。

供应链的概念，主要是从扩大生产概念发展而来的，它将企业的生产活动进行了前伸和后延。国家标准"物流术语"将其定义为生产与流通过程中，涉及将产品或服务提供给最终用户的上游与下游企业所形成的网链结构。由此可见，供应链实际上就是通过计划 (Plan)、获得 (Obtain)、存储 (Store)、分销 (Distribute)、服务 (Serve) 等这些活动，在顾客和供应商之间形成的一种衔接，从而使企业能够满足内外部顾客的需求。

如果把供应链比喻成一棵枝叶茂盛的大树，那么生产企业就是树根，代理商就是树的主干，分销商就是树枝和树梢，终端用户就是绿叶和红花。而在树根与主干、枝干、绿叶、红花的一个个节点，则蕴藏着一次次的流通，遍体相通的脉络，便是整个供应链管理的系统。

同一切新生的事物一样，人们对供应链的认识，也经历一个由浅到深、由偏到全的过程。而从人们对供应链的认识过程来看，供应链的发展过程，主要分为四个阶段。

## （一）物流管理阶段

刚开始时，人们并没有把供应链和企业的整体管理联系起来，只是认为供应链是将采购的原材料和收到的零部件，通过生产转换和销售等活动，然后传递到用户的一个过程。因此，人们对供应链也只是进行局部性研究，比如

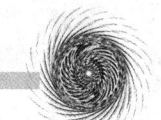

研究多级库存控制问题、物资供应问题、分销需求计划等。也正是基于这种认识，供应链在当时仅仅被视为企业内部的一个物流过程，它涉及的主要是物料采购、库存、生产和分销诸部门的职能协调问题。最终的目的，也只是优化企业内部的业务流程，降低物流成本，从而提高经营效率。也就是说，早期的供应链仅仅被看作物流企业自身的一种运作模式。

## （二）价值增值阶段

进入20世纪90年代后，人们对供应链又有了进一步的认识，这种认识主要是由于需求环境的变化而引起的。由于市场的进一步开放，原来的卖方市场逐渐转变为买方市场，供需发生了变化，于是原来没有被纳入供应链环节的终端用户、消费者开始被重视，其地位也得到了前所未有的提升，因而他们的需求也被纳入了供应链的系统。这样，供应链就不再只是一条生产链和物流链了，而是一条涵盖了整个产品运动过程的增值链。

首先是美国著名的管理学家格雷厄姆·史蒂文斯(Graham C. Stevens)对供应链提出了新的认识，他认为："通过增值过程和分销渠道控制，从供应商到用户的流程就是供应链，它开始于供应的源点，结束于消费的终点。"

清华大学教授蓝伯雄教授也提出了自己的见解："所谓的供应链，就是由原材料供应商、生产商、分销商、运输商等一系列企业组成的价值增值链。原材料零部件依次通过链中的每个企业，逐步变成产品，最后交到用户的手中，这一系列的活动，就构成了一个完整的供应链。"

根据美国生产和库存控制协会（APICS）第九版字典中的定义："供应链管理是计划、组织和控制从最初原材料到最终产品及其消费的整个业务流程，这些流程连接了从供应商到顾客的所有企业。供应链包含了由企业内部和外部，

为顾客制造产品和提供服务的各职能部门所形成的价值链。"APICS 提出的关于供应链管理定义的前半部分，说明供应链涉及的理论，源于产品的分销和运输管理，后半部分则说明了价值增值是供应链的基本特征，有效的供应链必定是一个增值链。也就是说，在供应链中的各个实体，无论从事什么样的活动，其对产品转换流程的增值必须大于成本。

## （三）网链阶段

到了 20 世纪末，随着信息技术的发展和产业不确定性因素的增加，企业之间的关系，开始呈现出日益明显的网络化趋势。与此同时，人们对供应链的认识，也开始从线性的"单链"转向非线性的"网链"。于是，人们对供应链又有了深一步的认识，更加注重围绕核心企业的网链关系，即核心企业与供应商、供应商的供应商的一切向前关系，与用户、用户的用户及一切向后的关系。此时，供应链的概念已经不同于传统的销售链，它跨越了企业界限，从扩展企业的新思维出发，并从全局和整体的角度考虑产品经营的竞争力，使供应链从一种运作工具上升为一种管理方法体系，一种运营管理思维和模式。正是在这个意义上，哈理森（Harrision，1999）才对供应链提出了新的定义："供应链是执行采购原材料，将它们转换为中间产品和成品，并且将成品销售到用户的功能网链。"

我国著名的供应链管理学者马士华教授也认为："供应链是围绕核心企业，通过对信息流、物流、资金流的控制，从采购原材料开始，制成中间产品以及最终产品，最后由销售网络把产品送到消费者手中的将供应商、制造商、分销商、零售商，直到最终用户连成一个整体的功能网链结构模式。"

## （四）移动阶段

随着3G、4G甚至5G时代的到来，供应链也进入了移动阶段。移动供应链，就是利用无线网络实现供应链的技术。它将原有供应链系统上的客户关系管理功能迁移到手机。移动供应链系统具有传统供应链系统无法比拟的优越性。其主要优势在于，移动供应链系统使业务摆脱时间和场所的局限，能够随时随地与供应链上的各个企业进行沟通，使管理效率得到极大的提高，并推动企业效益不断增长。

总之，供应链是一种客观存在，而一个完整的供应链，始于原材料的供应商，止于最终用户，是由原材料的供应商、制造商、物流公司、配送中心、分销商、零售商和用户组成的链状结构。

# 三、如何完善现代流通体系

近年来，我国商贸流通发展十分迅速，主体多元、形式多样、开放竞争的格局基本形成。但在流通方面，仍存在不少短板。为了补齐我国在流通体系方面的短板，商务部从实际问题出发，提出了"六个提升"的办法，以完善我国的现代流通体系。这"六个提升"分别是：

第一，提升流通网络布局。所谓的网络布局，就是把骨干网络健全，使基本的网络畅通无碍，健全网络体系。在重点抓骨干网络的同时，合理规划商品集散中心和综合物流园区、公共配送中心等，尽快打通毛细血管。

第二，提升流通基础设施。近10年来，我国的流通基础设施建设取得了很好的成绩，但相对于发达国家和地区，仍然存在很大的差距，这些差距主要在"最后一公里"。而要打通"最后一公里"，最主要的就是深入基层，将工作下沉。今后的目标，是在农村健全商业体系，并改造县乡村三级商贸流通网点，完善物流配送网络，使工业品能够快速下乡，使农产品能够快速进城。预计到2025年，每个县城要有连锁商超和物流配送中心，乡镇有商贸中心，快递网点覆盖到村。

第三，提升流通主体竞争力。随着5G、物联网、大数据、云计算、人工智能、区块链等新技术的应用，为流通企业弯道超车带来好的机遇，而政府部门也在鼓励和引导流通企业抢抓机遇，使这些流通企业能够在流通的数字化、网络化和智能化方面实现跨越式发展。

第四，提升流通发展方式。目前，我国的大型商场、卖场、超市、自由市场、小卖部等，已经遍布城乡，这些商场和超市，既是消费网点，也是流通的末端，因此要鼓励和引导他们进行创新和转型，立足于数字化、智能化改造，实现跨界融合。其实，现在有一些小超市既卖东西，也收发快递，这就是一种跨界融合。

第五，提升供应链现代化水平。政府将重点开展供应链创新与应用示范创建，推动流通创新与产业变革深度融合。

第六，提升内外贸一体化程度。打通内外贸流通堵点，构建国内国际市场畅通通路。推动内外贸易在法律法规、监管体制、质量标准、认证认可等方面衔接，提升内外贸一体化程度。

目前，商务部正在抓紧编制电子商务"十四五"发展规划，同时将积极发展新型消费，加快培育直播电商、生鲜电商等新业态和新模式。另外，监管

部门还将加强电商的行业管理，一方面做好正面引导，加强电商的诚信体系建设，推动电商企业开展诚信承诺，建立诚信档案，推动行业自律；另一方面加强刚性约束，推动完善电子商务的法律规制，督导平台企业合规经营，防止资本的无序扩张，会同相关部门共同维护公平竞争的市场环境。

国家发展和改革委员会综合运输研究所所长汪鸣也进一步强调：在"十四五"时期，要结合现代化经济体系建设，进一步深化对现代物流业战略定位的认识，确立与之相适应的发展思路，营造更加适宜的发展环境，推动现代物流业高质量发展，为国民经济健康有序运行提供保障。

总之，"双循环"是重构现代流通体系的基础，而智慧连接是现代流通体系的支撑点。要完善现代流通体系，就要培育一批具有全球竞争力的流通企业，推进数字化、智能化改造与跨界融合，加强标准化建设与绿色发展，使流通设施不断得到改造和升级。

## 四、数字化是构建现代流通体系的灵魂

《孙子兵法·兵势篇》有这样一段话："激水之疾，至于漂石者，势也；鸷鸟之疾，至于毁折者，节也。是故善战者，其势险，其节短。势如弩，节如发机。"孙子的这段话翻译成现代白话文，大意是：湍急的水流疾速奔泻，以至于能让石头漂起来，这是因为水势十分强大；猛禽搏击雀鸟，一举可将其置于死地，是因为它掌握了最有利于爆发冲击力的位置，使自己攻击时节奏迅猛。因此，善于作战的将帅，他所造成的态势总是十分险峻，发起攻击的节奏总是

十分短促。险峻的态势如同张满的强弩，短促的节奏如同触发的弩机。

孙子的这段话，主要讲了速度与气势在作战中的意义。孙子认为，原本柔弱的水，之所以能够让坚硬而沉重的石头漂起来，靠的就是速度；而猛禽在捕获猎物时，之所以能够一击而中，靠的就是气势。因此，在战场上，如果能够将速度与气势结合起来，必将无往而不胜。而孙子的这段话，也被后来的兵家总结为"兵贵神速"这四个字。

的确，速度不仅在战场上直接影响战争的胜负，在当今的商业竞争中，也起到至关重要的作用。那么，如何实现这种"激水漂石"的速度呢？唯一的办法，就是以数字赋能流通体系建设，也就是让数字化成为构建流通体系的灵魂。

要知道，现代流通体系的构建是一个系统工程，这其中包括适应现代社会发展的营商环境、综合运输体系、商贸流通体系、社会信用体系、金融基础设施建设、应急物流体系，等等。强化对上述领域的数字赋能，能够更好地发挥现代流通体系联结生产与消费、扩大社会交易的功能，将为我国"双循环"新发展格局的加快形成提供强有力的支撑。

数字技术与经济产业的融合，是现代经济社会发展的重要特征。通过大数据的识别、选择、过滤、存储和使用，可以引导和实现资源的快速优化配置与再生，实现经济高质量发展。而推进现代流通体系构建，同样离不开数字技术的赋能。这是因为流通体系联结生产和消费的重要基础在于具体交易环节，而数字技术在交易中的集成与应用，能够减少信息不对称，提升交易匹配概率，为交易顺利完成提供便利。无论是深化"最多跑一次"改革，打造市场化、法治化、国际化的营商环境，还是构建应急物流体系，数字技术的广泛应用涉及现代流通体系的方方面面，不仅能够提升流通体系的效率，还能有效提

# 第四章 现代流通体系构建

高相关主体的运行质量。

其实,每一个数字化的生产过程,都必然与传统产业融合在一起,使整个生产关系成为比以往任何时代都多得多的信息(数据)参与到其中,使生产力大大加强。按照马克思政治经济学原理"生产力决定生产关系、生产关系反作用于生产力"的辩证关系,这种生产关系的重构,当然反作用于生产力(信息生产力)。而从当前的情况来看,数字化对于现代流通体系的影响,是前所未有的,甚至远远超出了我们的预想。

2002年7月,海尔集团提出"推进流程再造"的策略,使得海尔在进军PC市场的过程中,深刻体会到了"速度制胜"的含义。在激烈的市场竞争中,海尔电脑依靠速度生存,2005年,正是速度帮助海尔电脑实现了飞跃,并初步奠定了在PC市场的地位。

张瑞敏认为,竞争的实质是创造用户需求和创造用户资源。而用户资源属于稀缺资源,大家都在比速度,要想真正握住用户的手,就必须有市场的"第一速度",才能创造用户资源。因此,速度决定成败!有速度才能有生存权。

而海尔要跟上时代发展的方向,要把握市场的脉搏,就要做到:产品开发要有第一速度;销售要有第一速度;纠错不过夜要有第一速度;抢订单要有第一速度;转化订单要有第一速度;一站到位要有第一速度。互联网的速度,使海尔体会到:没有速度的企业必然会被淘汰。那些没有和网络联系到一起的企业,就会被网络抛弃,而有的即使进入了网络,没有竞争力也会被抛弃。那么,如何实现能够使石头在水上漂起来的速度呢?

实际上,"海尔速度"就是将流通体系数字化的结果,海尔经过对流通体系进行改造,最终实现了"激水漂石"的"第一速度"。

"海尔速度"的第一个目标是零库存,海尔的流程再造,物流整合,就是以时间消灭空间,也就是用速度这个时间消灭库存这个空间。把所有仓库都消灭掉,仓库变成了一个只为下一站配送而短暂停留的驿站,因而把它称为"过站式物流"。海尔通过三个"无库存生产方式"打通这些仓库,把它们变成一条流动的河,不断地流动。第一个是"无库存"采购:需要多少,采购多少,不积压原料,通过国际化分供方,采购到完成订单最需要的零部件和原材料。第二个是"无库存"送料:在海尔,仓库只是一个配送站。海尔规定,在仓库存放的所有物料,从采购进来到车间的制造系统,不能超过7天,海尔立体库的零部件一般只存放3天。第三个是"无库存"配送:海尔在全国建立了物流中心系统,无论任何地方,海尔都可以送货。产品一下生产线,随即迅速转运到海尔国际物流中心,平均只用2天,就将产品发送到42个遍布全国的海尔物流配送中心,各地配送中心再将经销商需求的产品配送到客户指定地点。这些配送操作在物流中心城市8小时内到位,区域配送24小时内到位。

"海尔速度"的第二个目标是服务零距离,也就是根据用户的需求拿到订单,再以"第一速度"满足用户需求,这个速度将使海尔与用户没有距离。用户在网上订货,海尔根据订单送货,流程便结束了。

"海尔速度"的第三个目标是零营运资本,是企业将货币转换为产品,再将产品转变为货币的能力。零营运资本,就是流动资金的占用为零。企业在给分供方的付款期到来之前,先把用户的货款拿来。也就是用户先预定付钱,然后按照用户的订单制造产品,因而就没有了营运资本,使企业进入良性运作的过程。

很多有识之士认为:在瞬息万变的竞争环境中,不应先瞄准再射击,而是先射击后瞄准。这话听起来似乎是疯话,但也道出了一个真理:今天的企业做决策，最关键的是速度，而要达到"速度制胜"的目的，就是要将流通体系数字化。总结海尔从发展之初到今天所取得的成功经验，其中最重要的一个因素就是建立了完善的流通体系，并使之数字化。

对于企业来说，谁能追上用户甚至带跑用户，谁就是赢家。比尔·盖茨说过："微软离破产只有18个月。"盖茨之所以这么说，是因为按照摩尔定律，18个月后，芯片就会升级一次，存储量会增加一倍。因此，对企业来说，破产和生存都与速度有关，而速度与流通体系有关。任何一个流通体系，一旦实施了数字化，其效率就会成倍地增长。

那么，如何让数字化真正成为构建现代流通体系的灵魂呢？就我国而言，可以重点从营商环境、市场主体、信息平台、社会信用的数字化转型入手，强化对现代流通体系建设的数字赋能。

## （一）数字赋能营商环境建设

加大数字监管技术的研究与应用，积极提升监管能力。发挥市场竞争机制作用，打破区域壁垒，避免地方保护主义。进一步加大简政和放权力度，利用数字技术逐步建设和推广高效运行的标准化政务中心，实现政务中心运行在线和实时监督。

## （二）数字赋能市场主体发展

大力支持各类运输主体和商贸主体的数字化改造，积极打通线上交易和线下物流的堵点，最大程度地实现无缝衔接。鼓励各类市场主体在市场竞争环境下高效合作，积极扩大供求衔接机会，增加交易空间。

### (三)数字赋能信息平台运营

加快推进各种运输和物流信息平台建设,以及平台之间的互联互通,实现各种产品和物流信息的精准追溯和实时跟踪。适应现代流通体系内在驱动,强化支付结算等金融基础设施建设,加大先进金融科技研究与应用。将应急物流体系内嵌于线上的信息平台和线下的物流运输网络。

### (四)数字赋能社会信用体系

加快社会公共数据的开放、联通与应用,通过数字技术给市场主体信用精准画像,并为有效的信用惩戒机制建设提供强有力的支撑。围绕供应链、产业链上生产与消费各个环节,进一步加大金融科技场景应用推广,提供直达各流通环节经营主体的金融产品。

总之,要建设和完善现代流通体系,需要数字赋能,用好数字技术,加快推动数字经济与流通体系的融合发展,以进一步疏通现代流通体系高效运转的堵点,提升生产和消费联结效率,推进信息流、物流、资金流的三流合一,提高产业链和供应链质量,为加快形成"双循环"新发展格局提供坚实有力的支撑。[1]

---

[1] 陈涛:《以数字赋能现代流通体系建设》,载《经济参考报》2020年9月21日。

# 第五章

## 数字经济管理不仅仅是技术和经济的管理

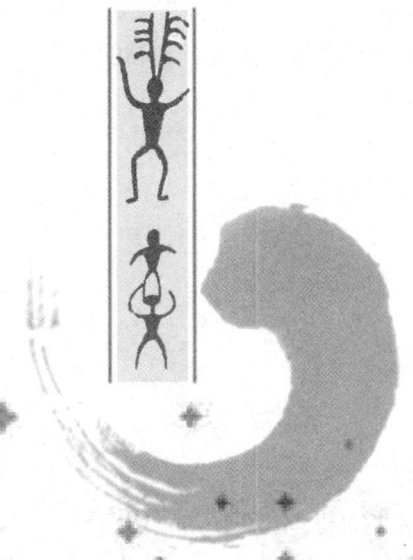

数字经济管理,准确地说,应当是数字经济时代的管理。在这样的经济时代,社会管理和经济管理怎样去实现呢?

近百年来,人们把研究管理活动形成的管理基本原理和方法,统称为管理学。作为一种知识体系,管理学是管理思想、管理原理、管理技能和方法的综合,这显然不是一种技术的管理。我们现在看到理论研究者或是实干者大谈特谈关于数字经济也好、区块链也好,都在着重于一种技术层面的东西,最多也只能谈到一些不完整的局部、碎片化的有关新技术和新组织形式的信息、观念和理论,以及不断变化的商业环境和发展战略,但对于管理思想、思维体系等方面的研究,却没有进行全面深入的研究和探索。

事实上,数字经济管理作为一项管理体系,是数字经济时代必须解决的一个问题。有人说,20世纪,经济的飞速增长,大部分可以归功于弗雷德里克·温其洛·泰勒(Frederick Winslow Taylor)的管理思想。于是,各大院校便相继设立商学院,旨在培训领导者如何运用科学管理。

管理是革命,这一事实早在泰勒的"科学管理"诞生的19世纪,就已经得到证明。当时,工业革命改变了一切,工业化的生产,需要大量的工人,而工人的工作需要管理,管理者则需要掌握科学的管理方法。因此,泰勒的《科学管理原理》应运而生。

# 一、数字经济管理定义

从管理诞生的历史进程来看,当人类有了部落和氏族这种群体组织后,

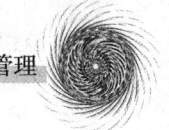

## 第五章 数字经济管理不仅仅是技术和经济的管理

在这种群体的劳动或生产活动中,便有了简单的分工,亦即产生了管理。

最初的管理者,有两种身份,一是普通的劳动者,二是劳动活动的管理者或监督者。进入私有制社会以后,管理者逐渐从原来的普通劳动者中分离出来,形成专业的管理者阶层。国家产生后,这种管理者阶层又逐渐因为其在群体社会的管理过程中所形成的对社会资源占有(或社会分配)的方式和控制的社会财富的优势,演化成为统治者或统治阶级——无论是多数人统治还是少数人的统治。管理者阶层出现后,管理者的职能逐渐演化为监督者。

监督者负责计划、组织、领导和控制,这种活动已存在几千年。

进入20世纪后,人类管理思想进入了一个多样化的时期。绝大多数人承认,现代管理理论诞生的标志性年代,是1911年,泰勒的《科学管理原理》一书的出版。该书阐述了科学管理(Scientific Management)理论——应用科学方法确定从事一项工作的"最佳方法",它的内容很快被世界范围的管理者普遍接受。泰勒的理论和研究活动,确立了他的科学管理之父的地位。

科学管理是工业文明时代的产物,但当人类进入数字经济时代,科学管理的思想、理论及管理方法,已经无法适应发展需要。

数字经济管理的框架虽然会延续原有的计划、组织、领导和控制职能,但其内涵已经有了革命性的变化。生产力总是在一定的生产关系中运动和发展的,发展到一定阶段便与生产关系发生矛盾,原有的生产关系由生产力发展的形式变为生产力发展的桎梏,就会产生变革,由适应生产力发展的新生产关系取代旧的生产关系。

管理具有二重性,一是与生产力相联系,通过"组织劳动"表现出来的管理的自然属性;二是与生产关系、社会制度相联系,通过"指挥、监督劳

动"表现出来的管理的社会属性。

从管理的二重性出发,管理学的研究对象主要涉及三个方面:①生产力方面。研究如何合理配置和利用组织中的人、财、物等生产力要素,并使之充分发挥作用,实现最佳的经济效益和社会效益,以实现组织的目标并满足社会的需要。②生产关系方面。研究如何正确处理组织中人与人之间的相互关系、如何建立和完善组织机构以及各种管理体系、如何激励组织内成员,从而最大限度地调动各方面的积极性和创造性,为实现组织目标而服务。③上层建筑方面。研究如何使组织内部环境(组织的规章制度、劳动纪律、文化氛围)与外部环境(社会的政治、经济、法律、道德等上层建筑)相适应的问题,使之保持一致,维持正常的生产关系,促进生产力的发展。

因此,如果我们要给数字经济管理下一个定义,那就是在数字化的现代生产力的既定的条件和前提下,运用数字经济的专业知识与技能,最大化地满足和完成不同组织机构在计划、组织、领导、协调和控制活动中的管理需求。

进入21世纪后,随着数字经济时代的到来,社会变化更是日新月异,因此管理者面临的局势和问题,已经不是泰勒的科学管理思想所能够预料和解决的了。随着数字化变革的加速,人们正在遭遇前所未有的不确定性。而管理上的变革,却经常遇到阻力和争论。与此同时,数字化革命正以超越个人和组织机构所能够理解的速度向前发展。

我们不能想象,靠工业文明时代产生的泰勒的科学管理思想,怎样去管理数字经济时代的社会。如果现在我们的模式和思维还在工业文明时代,怎么会产生数字社会形态呢?如果我们用工业文明的管理思想去做数字文明时代的管理,这怎么可能呢?

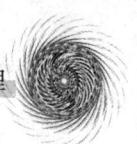

因此,数字经济管理才是这一社会形态转变中的关键一步。

在数字经济时代,信息是以数字方式呈现的。它们以字节形式储存在计算机中,以光速传播于网络当中,0和1代表了一切。"新的文明时代,我们必须以创新、互联、可持续性和完整性为目标,在全社会范围内重建每个组织";"……换言之,这不只是技术互联的时代,更是一个人类、组织机构和国家之间全都互联的时代"。[1]

数字经济的管理,就其涵盖的范围来讲,至少有四个方面——国家、私营部门、社会群体和新时代的个人。

数字经济管理的本质,是实现所有组织机构的管理思想和管理体制的数字化革命,它是一种新的生产关系的建立,必将打破旧的管理体制。它能够把数字技术转化为生产力,提高全社会的效率,以建立新的秩序——包括经济秩序和政治秩序。

数字经济管理作为一项管理体系,笔者认为它起码应当包括三个方面,即管理思想、基础理论和管理技术(标准化),这也是我们在这一次管理革命中必须先完成的重要使命。

管理所进行的革命,将为数字经济时代建立一种全新的管理理念。而且,也只有这样的革命,才能真正开创一个崭新的数字经济时代。

---

[1] [加拿大]唐·泰普斯科特:《数据时代的经济学》,机械工业出版社2016年版。

## 二、万里长城仅仅是建筑奇迹吗？

当世界各地的游客来到我国时，第一个要去的景点，往往是长城；即使是家在外地的中国人，到北京旅游时，也一定要去八达岭长城看看。那么，长城为什么有如此大的魅力呢？因为长城是中国的象征，是世界上最长的军事设施，是重要的文化遗产，更是中华民族的标志性建筑。

每当提起长城，人们通常会在前面加上"万里"两个字，也就是"万里长城"。但实际上，"万里"只是一个虚数，是说长城是一个宏大的工程建筑，而不是说长城只有一万里长。那么，长城到底有多长呢？

其实，我们现在看到的长城，主要是明代时重修的长城，这段长城西起嘉峪关，东到辽东虎山。根据国家文物局首次公布的调查数据，明代重修的这段长城，总长度为8851.8公里。但是，如果把历代长城都算进去，那么总长度就要长得多了。根据国家文物局在2012年发布的数据，中国历代长城分布在北京、天津、河北、山西等15个省、自治区和直辖市，总长度为21196.18公里。因此，仅仅是明代重修的这段长城，其长度已经超过了"万里"，更不要说是中国历代长城的总长度了。而这样雄伟的建筑，却完全是由血肉之躯铸造的奇迹，怎是一个"伟大"了得？

其实，万里长城之所以伟大，并不仅仅在于我们的祖先所展现出来的精湛技术，更在于先进的管理。我们可以试想一下，仅靠血肉之躯，要创造这样一个世界级别的奇迹，如果不靠先进的管理，是无论如何也完不成的。因此，

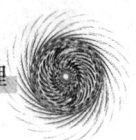

万里长城实际上是管理智慧的结晶。

万里长城的修建,充分反映了当时测量、规划设计、建筑和工程管理等的高超水平,体现了工程指挥者具有的高度管理智慧。

根据历史记载,从战国开始,就有 20 多个诸侯国和封建王朝修筑过长城。最早是楚国为防御北方的游牧民族和敌国而开始建造长城,后来齐国、燕国、魏国、赵国、秦国等也基于相同的目的,开始修筑自己的长城。秦朝统一六国后,秦始皇派出大将蒙恬北伐匈奴,并动用 40 万劳力,把原来各诸侯国的长城连接起来,西起临洮,东至辽东,绵延万余里,遂称万里长城,这就是"万里长城"的由来。长城的修建,客观上起到了防止匈奴南侵、保护中原经济文化发展的积极作用。孙中山先生曾做出这样的评价:"始皇虽无道,而长城之有功于后世,实上大禹治水等。"

万里长城之所以被认为建筑史上的奇迹,是因为它不是建筑在平原上,而是建筑在地势险峻的山上,整个工程十分复杂而浩大,而当时施工仅凭肩挑手抬,其困难程度可想而知。因此,长城的建成,在管理上,至少要做到这样四点:第一,有严谨的工程计划。工程的总负责人,要对工程所需的材料进行充分的预算,并对人力进行合理的安排,在工程进度方面,更要做到环环相扣,使工期不至于延误。第二,严格的工程质量管理。要想工程质量达标,就要制定出相应的验收制度。而长城的修建,其目的是防御外敌入侵,因而在验收时,就要按照军事设施的标准来进行,比如规定在一定距离内用箭射墙,如果箭头碰墙而落,可视为合格,否则就要返工重建。第三,采取分工制。秦朝统一中国后,将所有的长城连接起来,长度达到 6000 多公里,如此浩大的工程,必须在事先确立走向的前提下,采取分区、分段、分片同时展开,才能保证工程进度的同步性,并确保如期竣工。第四,在国家的宏观角度方面,怎样

调度和使用资源,这才是最为重要的管理内容。

如今,万里长城成为中华民族古老文化的丰碑和智慧结晶,象征着中华民族的血脉相承和民族精神。而万里长城的建造,不但是技术上的奇迹,更是管理上的奇迹。

# 三、控制论讲什么?

1954年,中国航天之父钱学森博士所著的《工程控制论》一书,由美国McGraw-Hill图书出版公司正式出版。该书全部由英文写成,总字数有30多万。

在此之前,美国著名的数学家、控制论的创始人诺伯特·维纳(1894-1964)于1948年出版了《控制论》一书,但这本书内容比较晦涩,让人难于理解,科学家们也没能透过《控制论》的哲学思想,发现其与科学技术的联系。因此,《控制论》问世之后,科学界既不能理解,也无法接受;另外,由于维纳在《控制论》中将动物与机器相提并论,也引起了某些宗教人士的抗议,认为他的言论冒犯了造物主和人的尊严。苏联更是以国家的力量,对《控制论》采取了批判的立场,并将《控制论》定性为"反动的伪科学";至于美国的科学界,虽然没有像苏联那样进行批判,但对维纳的《控制论》也是嗤之以鼻,不屑一顾。

而钱学森的《工程控制论》则系统地揭示了维纳的《控制论》对自动化、航空、航天、电子通信等科学技术的意义和影响。而且《工程控制论》研究的内容，全是科学技术，没有触及人类这种动物的尊严问题。基于这些原因，《工程控制论》一问世，就被科学界所接受，而且也促进了人们对维纳《控制论》的理解，并改变了当初对《控制论》的批判态度。苏联不但不再将《控制论》称为"反动的伪科学"，而且积极参与《控制论》和《工程控制论》的研究。1956年，苏联发行了俄文版的《工程控制论》，并将辞书中的"控制论"定义为："研究信息和控制一般规律的新兴学科。"之后，《工程控制论》又相继被译为德文、中文等多种语言出版发行。

其实，对于《工程控制论》创作和出版的初衷，钱学森后来是这样说的："研究工程控制论只是为了转移美国特务们的注意力，争取获准回归祖国。当时并没有想到建立一门新学科。"确实，钱学森在美国麻省理工学院和加州理工学院攻读硕士及博士学位时，所学的专业都是航空专业。因此，当时钱学森在美国出版《工程控制论》，实际上是"明修栈道，暗度陈仓"，再加上工程控制论在当时是一个崭新的科学领域，是一种新兴的科学，美国当局也认为钱学森是"不务正业"。然而，即使是钱学森在"不务正业"的情况下，出版的这部著作，在接下来的几年里，竟然没有哪个科学家能够完全读懂。

而《工程控制论》也确实是一部开创性与奠基性的科学著作，令全世界的科学家为之叹服，并对科学的发展产生了深远的影响。我国著名航天科技专家孙家栋院士，就曾受到《工程控制论》的极大影响。据他回忆：当初他在茹科夫斯基军事学院航空系学习时，他的导师就把俄文版的《工程控制论》列为四大必读著作之一，当时这本书甚至在苏联卖到脱销，一时"苏联纸贵"。

关于《工程控制论》的问世，美国的一位专栏作家是这样评论的："工程师偏重于实践，解决具体问题，不善于上升到理论高度；数学家则擅长理论分析，却不善于从一般到个别去解决实际问题。钱学森则集中两个优

势于一身,高超地将两只轮子装到一辆战车上,碾出了工程控制论研究的一条新途径。……"

而钱学森在这本《工程控制论》的原序中,这样说:"《工程控制论》是一门工程科学。……而工程科学的目标在于,将用于工程实践的设计原则组成某一学科,从而揭示不同工程实践领域间的相似性,并强调基本原理和基本思想的推动力。简言之,工程科学以理论分析为主导,并常常使用先进的数学。"

读到这里,或许读者朋友们不禁要问:钱学森的这本《工程控制论》到底讲了些什么?其实,这本书的主要内容就是研究机械系统与电气系统的控制与操纵。比如,我们现在所使用的电气设备,包括自动声控电灯、光敏电器、电脑、手机等,其原理大多基于《工程控制论》。

那么,我们为什么在这里要重提钱学森所著的这部科学巨著呢?这是因为,在数字经济时代,如果我们能够从控制论入手,通过研究或者运用控制论来实施数字经济管理的顶层设计,一定是最好的方法和工具,从而实现由工程控制到经济管理的伟大转变。

# 四、从野蛮生长到初步的管理

工业4.0时代,网络进入工厂大生产,生产场所和所制造的产品都身处物联网中,流水线加入了更多的技术,是一个崭新的工业制造逻辑和方式。

随着第四次工业革命的到来,网络进入工厂大生产,生产场所和所制造的产品都身处物联网中,流水线加入了更多的技术,是一个崭新的工业制造逻辑和方式。用这段话来描述第四次工业革命所面临的制造革命最为贴切:"新一代信息技术与制造业深度融合,正在引发影响深远的产业变革,形成新的生产方式、产业形态、商业模式和经济增长点。各国都在加大科技创新力度,推动三维(3D)打印、移动互联网、云计算、大数据、生物工程、新能源、新材料等领域取得新突破。基于信息物理系统的智能装备、智能工厂等智能制造,正在引领制造方式变革;网络众包、协同设计、大规模个性化定制、精准供应链管理、全生命周期管理、电子商务等正在重塑产业价值链体系;可穿戴智能产品、智能家电、智能汽车等智能终端产品不断拓展制造业新领域。我国制造业转型升级、创新发展迎来重大机遇。"

从制造的视角来看,第四次工业革命的本质,就是通过智能制造技术,来实现大规模定制,以快速满足客户极致个性化的需求。

由此可见,第四次工业革命,不仅仅是一场智能技术革命,同时是一个事物从野蛮生长到科学管理的过程。因此,第四次工业革命,必将是人类有史以来最深刻的一场管理变革。

## (一)从批量生产到大规模定制

1913年,世界上第一条汽车流水装配线在福特的工厂里进行投产,大规模流水线带来了生产方式的一次伟大革命。由于高效的批量流水生产作业,汽车生产所需的时间、成本和资源大幅下降,汽车也从刚发明时极为昂贵的奢侈品,变成了消费者能负担得起的交通工具。

20世纪初,大批量生产的优势是非常明显的,因为大批量生产会极大地

降低采购成本,通过简单地削减供应商数量,赢得更大的采购量,就可以让一个企业降低成本。同时,质量迭代也是需要过程的,在大批量生产中,如果产品质量出现问题,也可以被统计出来,并提出明确的改善方向,使材料、加工工艺、流程等被优化。

进入 21 世纪后,大批量生产已经达到炉火纯青的地步,提高生产效率、降低生产成本的潜力不断被挖掘。一代代工人在机器、人工训练、流程优化等领域的努力,为我们创造了"廉价的"物资,并拥有了如今丰富的物质生活。

然而,随着市场快速蓬勃发展,再加上全球化竞争,市场逐渐由生产者转变到消费市场,使消费者开始拥有了话语权。于是,人们不再满足于自己穿着与别人同样的衣服。今天,对于一个女性消费者而言,"撞衫"是不可接受的。尤其是对于那些追求品质的人而言,定制服装意味着与众不同。

为了满足更多消费者的需求,大规模定制应运而生,这一思想最早由 Akin Tomer 在其著作 *Future Shock* 中提出,是以大规模生产的成本和时间提供满足顾客特定需求的产品与服务的运营模式,即从大规模生产标准产品转变为有效地提供满足单个客户需求的产品或者服务。大规模定制采用柔性过程和柔性组织结构,以提供个性化的产品和服务,从而使整个制造过程敏捷化,而这种产品和服务价格又必须与标准大规模生产相竞争。

基于柔性制造的大规模定制在全面综合成本、质量、柔性和时间等竞争因素的前提下,有效地解决了需求多样化与大规模生产之间的冲突,从而为现代制造企业提供了一种全新的竞争模式。

其实,全球全行业的大规模定制,也是从汽车生产开始的。为了满足客户的个性化需求,丰田汽车从创立那天开始就确定了,与福特大批量生产方式

不一样的特征。从创立伊始,丰田汽车就以客户的需求来倒逼自己内部的交付周期缩短和成本降低,并因此创造了一系列方法和工具,最终整理形成了现在的丰田生产体系 TPS。这就是丰田汽车的市值在工业 3.0 时代远远超出全球其他汽车企业的根本原因。

工业 4.0 时代的生产方式是"大规模定制",它包含局部定制和全面定制两种。目前,汽车行业在多品种小批量的生产方式提供的定制是局部定制,客户只能根据汽车销售商提供的部分零部件形状、性能和功能来获得小范围的定制。比如,某款汽车的颜色总共有银色、白色和黑色三种,那么客户想购买的汽车颜色只能三选一,不能选择其他常用的颜色,更不用说自创一种颜色了。

因此,全面定制是工业 4.0 时代的趋势。例如,未来某一个汽车主机厂实现了大规模定制,每一辆汽车的颜色都可以根据客户的需求实时配置,没有任何约束,以实现客户对于个性的追求,这就是工业 4.0 时代真正意义上的大规模定制。

当然,除了汽车,那些时尚产品,也会实现个性化定制,这是因为在时尚领域,个性化对客户来说是刚需之一,这也是大规模定制在中国首先出现在服装领域的原因。相信在不久的将来,墨镜、首饰、珠宝、手提包、情侣服饰等时尚产品,都会陆续进入大规模定制的行列,以满足高端消费的需求。

## (二)从"智能产业化"到"产业智能化"

智能产业化指的是智能产品的产业化,比如智能音箱、智能机器人等。而产业智能化则是通过人工智能赋能传统产业,使人工智能深入每个行业的应用实践中。如果以一个量级来讲，智能产业化是千亿级别的产业，那么产业智能化则是万亿级别的市场。

其实，无论是深耕人工智能的新兴企业，还是拥抱人工智能的传统企业，都是产业智能化中的一员。未来，会有更多的企业参与其中。

在工业4.0时代，也就是产生智能化时代，人工智能在各领域的商业化应用，是工业4.0时代的核心特征之一，也是区别于以前三个工业时代的根本特征之一。

产业智能化的典型事件发生在2016年，那一年，世界围棋冠军李世石大战AlphaGo（围棋软件），结果以1：4败北。经此一战，人工智能令世界为之震惊。2017年，AlphaGo又以3：0完败世界围棋第一人柯洁。赛后，柯洁曾一度哽咽，因为面对强大的人工智能，柯洁看不到任何赢的希望。之后，AlphaGo通过几年不断的比赛、学习和升级，其功能近乎完美，无懈可击，远远超过了人类所能达到的水平。

其实，人工智能的应用范围非常广泛，除了我们上面说的围棋软件，还包括机器翻译、智能控制、专家系统、机器人学、语言和图像理解、遗传编程机器人、自动程序设计、信息处理、储存与管理，等等。

2019年4月3日，广东省人民医院与广东省高州市人民医院共同完成全国首例AI+5G手术，成功为心脏病患者"补心"。手术期间的AI技术是由曾靠"贪心算法"成功追回被抢车的圣母大学计算机系终身副教授史弋宇团队提供。这次手术也是人工智能在临床上的一次落地应用。

不过，如果说哪个行业对人工智能的依赖最深，则非电子商务莫属。美团副总裁、首席科学家夏华夏在2020年年底举办的"世界互联网大会·互联网发展论坛"上表示，美团总共有200个业务，几乎每个业务都在做人工智能，帮助商家做智能决策，为用户提供一些智能交互的手段，比如语音交互、视觉交互等，为很多智能交互的用户提供体验。还有美团现在做的无人配送的工作，就是用智能无人机、无人车帮助外卖小哥做更高效的配送。

目前，几乎所有的电商巨头都在积极应用人工智能技术，优化自身电商平台，以此来增加行业竞争力。阿里巴巴、京东相继推出了智能客服机器人。在推荐引擎方面，阿里巴巴有可视化人工智能平台"DT PAI"，京东则推出图像信息平台"钟馗系统"和文字识别系统。在物流领域，电商巨头也纷纷发力。

近年来，电子商务取得了卓越的成就。人们在享受电子商务便利的同时，提出了更高的要求，而人工智能的出现为电子商务的进一步发展开辟了新思路与格局。我们相信，当前的电子商务正由于人工智能的影响而处于变革的边缘。

## （三）从"制造大国"到"制造强国"

在 2021 年的"两会"上，小米的创造人雷军提出了"关于进一步推动我国智能制造发展"的建议，他在这个建议中提到："当前智能制造已成为做大做强做优中国制造、中国创造的突破口，但我国智能制造仍然存在大而不强、多而不优的问题。'十四五'时期，我国制造业必须继续坚持走提质增效、转型升级之路，聚焦基础研发能力，增强网络信息化建设，推动先进制造业和现代服务业深度融合发展，加速推进由'制造大国'向'制造强国'的转变。"

改革开放前 40 年，中国完成了从农业化到工业化的转变；后 40 年，中国

将从工业社会全面进入智能社会。但这并不意味着像欧美国家一样放弃工业制造,而是以更加智能的形式推进制造业的下一次变革。

2020年上半年,在全球口罩告急的情况下,比亚迪调集了3000名工程师、10万名产业工人,从零起步制造口罩机,3天出图纸、7天出设备、10天量产、20天做到全球第一,最高日产量达1亿只,是疫情前全球产量的5倍。这些成绩的取得,除了依靠强大的制造实力,还有一个重要保障,就是比亚迪搭建了大量的数字化、自动化生产线。依托强大的信息化建设能力,比亚迪仅用7天,在8个基地,快速建成了5000多个信息网络终端,有效保障了口罩机的设备安装和投产,实现了口罩生产的信息化、智能化。据介绍,口罩从原料、成型、包装,直到用户手中,实行全生命周期管理,让每一只口罩均可溯源。比亚迪快速援产口罩的案例,成为制造业数字化转型的一个样本。

综上所述,我们不难看出,进入数字经济时代之后,随着管理理论研究的逐渐深入,控制论、系统论等理论研究成果不断应用于管理领域,管理的内涵发生了极其深刻的变化。过去那种依赖经验,各管理环节缺乏有效控制的粗放式管理,正逐渐转向科学管理。

# 五、一个颠覆性的变革

每一次工业革命的发生,都是一场社会的变革。从整个工业革命的发展过程来看,其实是一个机器智慧越来越高的过程。而第四次工业革命,是在数字革命的基础上发展起来的。它的特点是：互联网变得无所不在，移动性大幅提高；传感器体积变得更小，性能更强大，成本也更低；同时，人工智能和机器学习也开始展露锋芒，生产和工作正在向着智能化方向发展。制造的革命表现在新一代信息技术与制造业的深度融合上，并已经像前三次工业革命时期一样，开始形成新的生产方式，产业形态与商业模式也在发生颠覆和创新。

从前面的内容中，相信读者朋友们已经发现，第四次工业革命的关键词，主要是人工智能、物联网、大数据、云服务、区块链……与前面的三次工业革命一样，第四次工业革命的这些智能技术，首先带来的也是制造、物流和通信领域的三大革命，进而影响生产方式更快、更好、更廉价地满足客户需求，个性化的大规模定制将逐步取代多品种小批量的生产方式。因此，在管理方面，也将逐步进化到比精益管理更能促进大规模定制的敏捷管理（Agile Management），也称灵捷管理（Celerity Management）。

敏捷管理是建立在精益管理基础之上的，它首先要"精"，做到精美的品质、精简的流程、精细的服务。敏捷管理比精益管理更先进的地方是，它需要以全流程高度的信息化和智能化为保证，这就是它的"敏"，对客户信息敏感的触摸，对市场趋势敏锐的洞察，对交付过程敏捷的反应。在"精"基础上的"敏"，非常符合工业4.0时代"软件定义世界"的特性。因此，把工业4.0时代对应的管理模式叫作敏捷管理是再贴切不过的了。

在敏捷管理时代，客户的需求也就是订单基本都来源于各种网络平台，通过抢单的方式进入供应系统。由于智能化的发展，大数据的共享，全流程几乎同时开始工作，大大缩短了生产和交付周期。而且客户在整个生产交付过程随时可以与供应系统交互。例如，查看他定制的产品目前的进度，而且

如果他愿意,甚至可以参与到这件定制产品的生产中,如为他定制的产品调制一种独特的颜色、增加一个个性化的装饰或者签名等。而现场员工,可以实时获取从客户需求到客户需求满足这个端到端价值流的价值流程图和工程控制图。

进入工业 4.0 时代后,在全世界的范围内,企业面临着需求高度分散、个性化需求增加、原材料短缺、能源成本增大、消费不振等因素的叠加等问题,企业被迫转型升级,信息化和数字化的发展,既是原因,也是方法,由此促使企业所处的竞争环境变得空前复杂。

企业管理方面的共识之一,就是以客户需求为整个系统的出发点,在精益管理的基础上,利用数字化的手段实现极致的个性化定制化,同时充分利用智能制造和智能服务在内的一切手段提升企业的绩效。在工业 4.0 时代,衡量一个企业智造水平和管理水平的指标,就是"智慧度"(Intg)和"敏捷度"(Agl)。

由于工业 4.0 时代刚刚到来,互联网和智能化的趋势又颠覆了传统管理理论,新的适应互联网时代的管理理论尚未成型,对新的管理理论和商业模式的探索,全世界的企业家和管理学家都站在同一起跑线上,不但是在理论上,更是在实践中,共同探索敏捷管理的进化。因此这个时代最成功的管理新模式——敏捷管理,到底如何进化,最终会走向何方,或许只能在几十年后才能揭晓答案。我们今天对它的理解,只能算是一知半解,需要进一步探索。[1]

在工业 4.0 时代,对于企业和组织来说,转型和升级已经成为一种常态。从微观角度来看,企业的每一个新的战略落地,甚至每一项改善和创新,都是

---

[1] 谭梦:《管理进化简史》,中国商业出版社2020年版。

一次转型或升级。从宏观的角度来看，每一次全球大环境的变化，都会逼迫企业展开一次大的转型和升级，尤其是两个工业时代的过渡阶段，新技术、新设备、新材料、新工艺以及新能源"五新"基础的发展，会颠覆各个产业领域的业务流程，促使行业和业务重构。这个时候，企业与组织的转型和升级尤为重要，几乎成为必需。

今天，我们处在第三次和第四次工业革命的交会期，已经并将继续产生一批又一批新产品、新服务，这些产品和服务可以在与原来同成本甚至更低成本的情况下，提高消费者的个人生活效率，最大的受益者还是消费者。在这个过程中，有成千上万的应用软件让我们的生活更便利，也让我们的学习效率和工作效率更高。当然，技术的更新换代，也会让很多无法实现转型和升级的企业被时代淘汰。

如今，在第四次工业革命的大门打开之际，处在新时代十字路口的我们，将何去何从？是选择主动拥抱，还是等待被淘汰？答案其实已经不言而喻。所以，生在这个变革的时代，我们是幸运的，因为我们不仅仅是大变革的见证者，也是参与者。

# 六、数字经济时代的管理

尽管在工业 4.0 时代，人们在管理方法上有了许多创新，并在逐步向数字化管理靠近，但还是远远不够。

## （一）企业的数字经济管理

### 1. 大数据管理

数字经济在五个方面的共同推动下，产生了大数据。被封为数字经济之父的唐·泰普斯科特的数字经济代表作《数据时代的经济学》。数字经济的特征就是大数据的"爆炸"。

大数据的基本特征就像高德纳咨询公司一直以来对大数据的描述：一种高容量、高速度、高质量的信息资产，有成本效益，通过创新的信息处理方式来增加洞察力、决策力以及流程优化。

大数据是新的生产要素，在数字经济时代，它是资产，是商品。数字经济其实也是围绕着大数据进行主要的经济活动生产的。

一切的组织，包括政府、企业，都必须做好这种数据的管理。

在这个大数据和互联网经济的世界里，机构、组织学会如何管理数据将是非常重要的竞争优势。

在企业中，尤其是企业的管理层、决策层，将会产生数字经济管理师或首席数据官、数据战略家、策略师。这些岗位的担当者，足以确保企业获得的必要数据给养以做出决策，创造供应链效率。

### 2. 组织的设置和考量

不仅在企业人才方面，特别是在企业组织结构、人员岗位职责方面，按照数字化的要求，企业也必须制订新的规划。

在企业层面，公司必须有大数据策略的考量：为什么要转向大数据？你需要的是哪些数据？获取这些数据的源头？数据的时效确定，三五年内将搜集哪方面数据和多少数据，成本？存储量和架构需求，以及利润点？

企业还需要考量的是架构战略。组织面临的最重要的一个考量因素是如

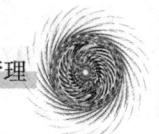

何适应大数据技术,如何以合理的成本获得新的大数据能力,并尽可能地减少对企业形成的干扰。例如,原有的系统、环境以及如何添加到自己的IT结构上,等等。

除此之外,企业还需要在考量大数据时,关注新的技能,这可能还需要企业在人力资源上设计新的专业角色岗位,如数据分析师、工程师、管理师、策略专家等职位。

### 3.安全管理

安全考量是大数据治理最重要的也是非常关键的方面。大数据是"双刃剑",它可以给企业带来更高的效率,却也给公司IT部门带来巨大的安全风险。一旦有了安全漏洞或数据的泄露,就会给企业带来巨大的经济损失并且损害到客户的利益。因此,安全管理是大数据时代管理的重中之重。

## (二)政府的公共管理及社会治理

从公共体系来看,政府公共管理职能体系是一个相互交错的多层次、多元化的结构体系。从总体上来看,一切管理组织的职能都可在同一层面上分为两大系统:一是以管理内容为目标的任务系统,二是以管理过程为对象的程序系统。

公共管理职能不是静止不变的,它要随着社会的经济、政治和科学技术的发展,以及不同历史时期的形势和任务的变化而发生变化。这种变化从时间的流动和空间的转换上明显地表现出来。

数字经济是一种全新的社会形态,它给我们带来了太多的变化,这种变化要比任何以往的变化来得快、来得迅猛、来得措手不及。

随着这种变革的加速,我们正在遭遇前所未有的不确定性、困惑和苦难。

管理变革,常常遇到阻力和争论。与此同时,数字经济所带来的革命正以超越个人和组织机构能够理解的速度飞快进行着。

**1. "数字政府"的任务体系改变**

(1) 服务职能

公共管理的服务职能,是公共管理活动的根本,从公共组织的活动内容中明显地表现出来。在数字经济时代更是凸显政府的服务职能,这主要体现在以下几个方面。

扩大服务范围。将原来单一的服务扩展为综合的服务。例如公共物联,公民隐私安全保护、开放数据、自助服务等。

增加服务内容。例如为居民建立一种电子身份证明,使用区块链支持的互联网主干,来连接公共部门和私营领域的诸多程序与数据库,为居民和商业提供综合服务。

改革服务的方式。政府必须创建新的流程,实现系统升级。例如努力建立长期稳定的开放式政府,提高行政效力。

强化服务意识。强化数字化开放政府职能意识,保证政府诚信透明,提高效率,杜绝官僚腐败现象发生。

(2) 经济职能

对公共经济事务的管理是公共管理的主要内容之一,因此,经济职能便成了公共管理的重要职能。政府的经济职能主要有:

①提供社会公共产品。怎样用数字化工具和手段以及大数据、公共云来加强社会公共设施建设(交通、住宅、城乡建设等)和开展公益事业(如基础教育、基础科研、卫生防疫、文物保护等),除此之外的数字经济的基础设施建设(如公共网络、现代通信、智能社会、高科技研发基地等)。

②保护共有资源和环境。低碳、绿色、可持续发展，逐步让信息生产的可复制、充裕性来代替解决对自然资源的消耗。

③建立和保持市场竞争制度。数字经济是共享经济，如何运用数字经济的市场调节手段，来引导和规范竞争的有序化。

④调节经济运行过程。干预手段，是否干预，如何干预。数字化给干预带来的影响。

⑤收入再分配。新税收政策的设计、数字资产的调剂与分配。

（3）政策与法律职能

现代公共管理要实现民主化、数字化、法治化的管理，离不开公共政策的指导作用，离不开法律的规范作用。在数字经济时代，这种法律规范作用，显得尤为重要，它必须具有超前性、预想性、数字化以及创新性。虽然有许多专家看到数字经济时代法律制度的变革刻不容缓，也做了一些战略上的考虑，但是，究竟应当怎样建立数字经济的法治体系，建立什么样的法律体系，还缺少具体的技术层面的思考。这不可能一蹴而就，既要认识它的紧迫性，又要看到它的复杂性，还要认识到它应当具备的创新性。

（4）社会保障职能

社会保障，从经济学和社会学的角度来理解，一般是指国家和社会通过对国民收入进行再分配，形成社会消费基金，对由于各种原因而出现生存困难的社会成员给予物质上的帮助，以保障其基本生活的一种制度。数字经济带来了新商业模式、新就业形态。然而，新业态用工呈现出的"空间分离、时间降解、关系分化"等特点对工业经济时代形成的社会保险制度提出了挑战，如何改革完善社会保障制度和国家福利体系，对数字经济的发展和社会的进步起保护、保障作用的措施、制度的建立，是数字经济时代政府公共管

理的重要课题。

## 2. 从控制论看政府管理顶层的设计

（1）控制论的方法及系统

控制论的核心问题涉及五个基本方面。①通信与控制之间的关系。②适应性与信息和反馈的关系。③学习与信息和反馈的关系。④进化与信息和反馈的关系。⑤自组织与信息和反馈的关系。这五个基本方面几乎可以把它作为数字经济管理中的核心问题加以研究和处理，并通过处理过程，设计一种管理实施的路径。

控制论是从信息和控制两个方面研究系统。控制论的方法涉及以下四个方面。

①确定输入输出变量。控制系统为达到一定的目的，需要以某种方式从外界提取必要的信息（称为输入），再按一定法则进行处理，产生新的信息（称为输出）反作用于外界。输入输出变量不仅可以表示行为，也可以表示信息。我们可以把整个管理的对象（如市场或者社会）看作一台超级的运转机器，人（组织）控制机器（市场）或者计算机控制机器，是一种双向信息流，包括信息提取、信息传输和信息处理。依据信息作用于外界（社会或者市场），实现控制。

②黑箱方法。根据系统的输入输出变量找出它们之间存在的函数关系（输入输出模型）的方法。黑箱方法可用来研究复杂的大系统和巨系统。

③模型化方法。通过引入仅与系统有关的状态变量而用两组方程来描述系统，即建立系统模型。控制论的模型化方法和推理式属性，使控制论适用于一切领域的控制系统，有助于对控制系统一般特性的研究。在研究大系统和巨系统时还需要使用同态与同构以及分解和协调等概念。

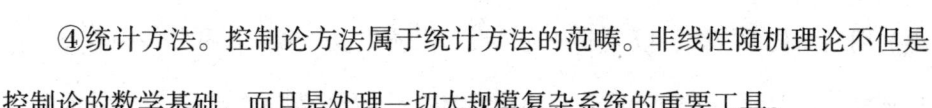

④统计方法。控制论方法属于统计方法的范畴。非线性随机理论不但是控制论的数学基础，而且是处理一切大规模复杂系统的重要工具。

（2）为什么要把控制论作为顶层设计的一种参照？

数字经济是一种全新的经济与社会形态，同时它会深刻影响我们的民生国计。笔者在前面讲过，从工程学和控制论的角度来看，数字经济管理需要做好顶层设计。

控制论的建立是20世纪的伟大科学成就之一，现代社会的许多新概念和新技术几乎都与控制论有着密切关系。控制论的应用范围覆盖了工程、生物、经济、社会、人口等领域，成为研究各类系统中共同的控制规律的一门科学。

控制论的核心问题是从一般意义上研究信息提取、信息传播、信息处理、信息存储和信息利用等问题。

控制论与随后形成的信息论有着根本区别。控制论用抽象的方式揭示包括生命系统、工程系统、经济系统和社会系统等在内的一切控制系统的信息传输和信息处理的特性与规律，研究用不同的控制方式达到不同控制目的的可能性和途径。

公共管理的职能就是调节和控制。

更重要的是，数字经济是一种全新的经济形态，没有成熟的管理理论和可借鉴的经验。从顶层设计角度考虑，摸索和不断总结经验，理论指导往往容易滞后，对于这样一个突飞猛进日益繁杂的进程，进行综合宏观管理的设计，仅靠总结经验是不能有效引导和促进其发展的。而《钱学森传》的作者叶永烈先生对钱学森《工程控制论》的评价，可以说明为什么要把控制论作为顶层设计的一种参照："他（钱学森）想到，随着现代科学技术突飞猛进的发展，科技活动日益繁杂，人们迫切需要用最短的时间，投入最少的人力和物力，有效

地利用最新技术成果,以完成经济建设和国防建设等各项任务。……为此,仅仅依靠某种特定的技术和某个学科的知识,以及少数人的组织管理技能和经验,是远远不够的。要采用各个学科的最新成果,必须综合地、定量地、科学地加以处理,使人们有可能从经验决策上升到科学决策。于是,一种崭新的理论便被提了出来,这就是控制论。"

# 第六章

## 后金融文明时代

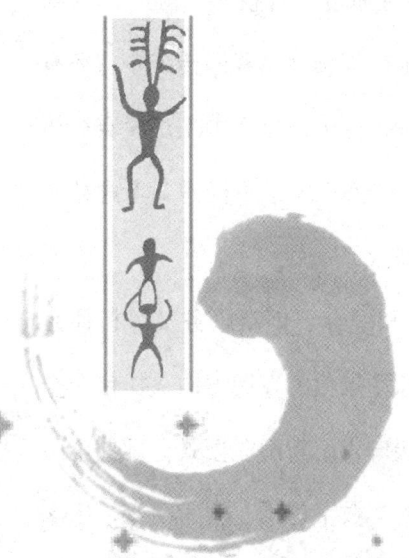

所谓的后金融,指的是后金融危机时代,也就是2006年美国次贷危机以后的这段时期。后金融时代促使传统金融业务与互联网、大数据等新技术更加融合,通过优化资源配置和技术创新,产生出新的金融生态、金融服务模式和金融产品。反映在金融市场上,具体表现为金融要素市场化、金融主体多元化、金融产品快速迭代,等等。创新是后金融时代的明显特征。

后金融的市场表现主要体现在三个方面。第一个方面是互联网技术,也就是大数据、云计算与移动应用,包括各类智能终端,不停地通过联通的方式连接各类客户、资产和资金。由于互联网技术的发展,催生了大量新的金融模式,并且形成了第三方支付、大数据金融、众筹、信息化金融机构和互联网金融门户等互联网金融模式。第二个方面是出现了大量的金融组织机构及金融业态,比如私募基金、保理公司、融资租赁等,金融业态意义上的范畴可能更大。第三个方面是金融产品层出不穷,诸如股权投资基金或私募股权投资、并购基金、风险投资基金、天使投资基金、新三板投资基金、阳光私募基金、各类交易所产品合约投资、融资租赁类、非公开化融资,等等。

后金融的核心是找到性价比高的市场,并且通过各种技术"圈"出自身管理能力范围内的市场。举例来说,在保险、银行等领域,我国传统企业还有很多没有解决的问题,后金融则能通过各种手段,在传统金融中切出没有被传统金融服务机构解决的市场,从而创造出新的"蓝海"。这不仅需要考虑差异化的问题,更重要的是要打造互联网金融生态圈。

要构建后金融生态圈,必须注重行业渗透和融合、创新服务及风控体系构建。为此,要看准社交化、移动化、专业化和场景化的发展方向,抓住资金端和资产端这两个互联网金融行业至关重要的端口,创新商业模式,延伸金融应用领域,并重点关注"金融科技、价值互联网、数字货币、国家财富、未来

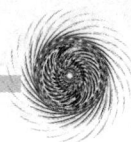

银行"这五个关键词。

# 一、金融科技

金融科技主要是指由大数据、区块链、云计算、人工智能等新兴前沿技术带动,对金融市场以及金融服务业务供给产生重大影响的新兴业务模式、新技术应用、新产品服务等。

金融科技涉及的技术具有更新迭代快、跨界、混业等特点,是大数据、人工智能、区块链技术等前沿颠覆性科技与传统金融业务的叠加融合。主要包括大数据金融、人工智能金融、区块链金融和量化金融四个核心部分。

## (一)大数据金融

大数据金融重点关注金融大数据的获取、储存、处理分析与可视化。一般而言,大数据金融的核心技术包括基础底层、数据存储与管理层、计算处理层、数据分析与可视化层,其中数据分析与可视化层主要负责简单数据分析、高级数据分析(与人工智能有若干重合)以及对相应的分析结果的可视化展示。大数据金融往往还致力于利用互联网技术和信息通信技术,探索资金融通、支付、投资和信息中介的新型金融业务模式的研发。

就现阶段而言,金融科技的底层是大数据,在这些数据基础上建立各种风控模型、规则集、智能营销模型等,再经由机器学习等技术,实现模型的自我进化和优化。此外,风险防控还需要借助各类生物识别技术和设备的辅助,

在此之上,便是各类金融业务,如资金、用户、场景、资产方等。

## (二)人工智能金融

人工智能金融主要借用人工智能技术处理金融领域的问题,包括股票价格预测、评估消费者行为和支付意愿、信用评分、智能投顾与聊天机器人、保险业的承保与理赔、风险管理与压力测试、金融监管与识别监测等。人工智能技术主要包括机器学习理论等前沿计算机科学知识,主要基于算法。机器学习理论是人工智能概念范畴下的一个子集,主要覆盖三大理论:监督学习、无监督学习和强化学习。

## (三)区块链金融

区块链技术是一种去中心化的大数据系统,是数字世界里一切有价物的公共总账本,是分布式云计算网络的一种具体应用。一旦区块链技术成为未来互联网的底层组织结构,将直接改变互联网的治理机制,最终彻底颠覆现有底层协议,导致互联网金融的智能化、去中心化,并产生基于算法驱动的金融新业态,一旦成熟的区块链技术落地金融业,形成生态业务闭环,那么金融交易就会出现接近零成本的金融交易环境。

前面我们已经说过,区块链本质上是一个分布式的账本,或者说它是一种全民参与记账的方式。人类生活离不开记账,虽然你自己或许不记,但会有人帮你记。比如,每个月工作多少天,每天工作多少小时,有无迟到或早退、旷工;银行有多少存款,存入了多少,取出了多少,是在柜台取的还是在ATM机取的,或者是通过网银、支付宝、微信等转账……从目前的情况来看,银行、支付宝和微信,它们是分别在各自的系统内记账。怎么理解这一点呢?

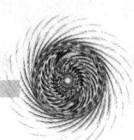

很简单,如果你的支付宝账户出了问题,你肯定不能找银行,也不能找腾讯,只能找阿里巴巴;反过来也是这样,如果你想用微信扫码购物,肯定不能用银行 App 和支付宝上的扫码。为了把问题说得更清楚,我们再打个比方:你的余额宝账户里原本存有 10 万元人民币,但有一天这 10 万元突然"蒸发"了,但当你找到阿里巴巴时,对方却告诉你,你的余额宝账户里根本就没有过这 10 万元人民币。

这个时候,你该怎么办?最好的办法当然是报警,通过司法部门的介入来调查,防止阿里巴巴篡改本来应该属于你的财富。但是,还有没有比这个更简单、更高效,而且成本更低的方式,来确保你的财富和信用呢?在区块链技术还没有产生之前,确实没有;但在区块链诞生之后,这种方式便成为可能。因为区块链有一个很明显的好处,当你使用的是采用区块链技术的金融平台,那么这种事情根本不会发生。在区块链系统中,每个人都有机会参与记账。请注意,这里说的是有机会。谁最终会获得这个机会呢?是系统上所有计算机当中运行最快的那一台。在单位时间内,当系统内有任何数据发生变化时,系统会评判记账最快最好的计算机,把它记录的内容写到账本中,然后把账本内容发送给系统内所有人进行备份。这样,系统中的每个人都拥有了一本完整的账本。

当然了,由于共识机制、私钥管理、智能合约等存在技术局限性和面临安全问题,区块链技术整合和应用落地将是一个长期的过程。

## (四)量化金融

量化金融以金融工程、金融数学、金融计量和金融统计为"抓手"开展金融业务,它和传统金融最大的区别在于其始终强调利用数理手段和计量统计

知识，定量而非定性地开展工作，其主要金融场景有高频交易、算法交易、金融衍生品定价以及基于数理视角下的金融风险管理等。

量化金融一直被视为是金融业高端资本与智力密集型领域，科技含量极高，但近几年，高频与算法交易、金融风险管理、保险精算越来越依靠工业级大数据（比如实时、海量、高维和非结构化数据）、人工智能前沿技术以及区块链技术来解决问题或重构原有金融业务逻辑、产品设计流程、监管监测控制环节。

当然，在金融科技中，除了我们上面所说的四个核心部分，还有四大业务领域，这些业务分别是：第一，支付清算。包含手机和网络支付、电子货币及区块链。第二，囊括直接融资、间接融资在内的融资模式。包括众筹、电子货币、区块链等。第三，基础设施。包含电子聚合器、智慧合同、大数据、云计算、电子身份认证。第四，投资管理。包含机器人投资顾问、电子自动交易、智慧合同。

基于企业经营业务的差异，我们可以归纳出金融科技与科技金融的差异，主要有如下五点。

第一，落脚点不同。金融科技的落脚点是科技，具备为金融业务提供科技服务的基础设施属性，与其并列的概念还有军事科技、生物科技等。科技金融的落脚点是金融，即用以服务于科技创新的金融业态、服务、产品，是金融服务于实体经济的典型代表，与其并列的概念还有消费金融、三农金融等。

第二，发展目标不同。金融科技的目标在于利用科技的手段提高金融的整体效率；科技金融的目标在于以金融服务的创新来作用于实体经济，推动科技创新创业。

第三,参与主体不同。金融科技的主体是以科技企业、互联网企业等为代表的技术驱动型企业;科技金融的主体是以传统金融机构为代表的金融业。

第四,创新方式不同。金融科技创新的方式是技术的突破,科技金融创新的方式是金融产品的研发。

第五,具体产品不同。金融科技的具体产品包括第三方支付、大数据、金融云、区块链、征信、人工智能、生物钱包等;科技金融的具体产品包括投贷联动、科技保险、科技信贷、知识产权证券化、股权众筹等。

## 二、价值互联网

价值互联网主要是指区块链技术在金融领域的运用的一种传递资金或是资产的新方法,比如比特币。因此,价值互联网也是一本布局全球的分布式账本,也可以说是数字资产的流动的方式,在流动中产生价值,同时它也是价值的流动。

按照托夫勒的说法,人类经历了三次浪潮式的文明,第一次是农业文明,第二次是工业文明,第三次则是我们现在正在经历的,我们称之为数据文明。农业文明历时几千年,主要解决衣食和生存问题。工业文明仅400年,但它极大地推动了物质文明的发展。当前的数据文明,也有人称之为信息文明、科技文明等,但不管叫什么,不可否认第三次浪潮文明是以数字化为驱动的。

而细分起来,整个数字化进程目前可大致划分为四个阶段,分别是PC、

互联网、智能手机以及区块链。区块链孕育着下一代分布式互联网，如果说TCP/IP协议让人类进入了信息自由传递的时代，区块链则会把人类带入价值高速公路时代。信息互联网时代的明显标志，主要就是信息的跃迁，实现了简单的信息流通。从PC本地一直到PC互联，再到移动互联，始终都是信息的传输而已。它所有的信息会停留于最末端的营销，并没有深入产业中，更不要说每天接受信息轰炸，本身也令人不胜其扰。

但价值互联网就不一样了，一定程度上它是互联网的升级，它传递信息，也传递价值，或者说是只传递有价值的信息。它是互联网的第二个时代，不仅可以带来进一步的繁荣，还会给社会带来公平正义，因此有人估计，区块链的价值百倍于互联网。

以支付宝、微信、微博等为例，用户都有一个属于他自己的数字身份，账户里面多少都会有些资产。然而，这个数字身份和数字资产的最终控制权不在用户，而在诸如支付宝、微信这样的平台手上。有了区块链，用户才谈得上拥有真正意义上的数字身份，那是由个人持有且任何其他人和机构都无法篡改的，这样持有的资产才是真正意义上的数字资产。未来，人们可以随意在区块链上建立数字身份，以代表其在区块链上持有智能资产，所有其他有应用价值的信息也将集成在数字身份中，并以密码学的方式保护起来，在确保安全的前提下，极大地方便我们的生活。

以前，人们要登记自己的资产如房产，需要到房产部门，这样不仅麻烦，而且导致了类似的登记不可能事无巨细，很多资产是不能入册的。而在未来，区块链将在网络经济、共享经济中发挥重要作用，无论是金融、智能设备、医疗、教学、档案、司法、版权，还是物联网、家庭娱乐，都最终会应用上这方面的技术。比如，在可以预测的将来，某天你在网上写了一个仅有100

余字的小故事，只要它够有趣，让人喜欢并推荐了它，你就会因此获得知识产权的报酬。

当然，信息互联网向价值互联网的顺利转型不会在朝夕之间，这不仅是技术建设的问题，也关乎观念的更新，但它迟早会成为现实，成为我们日常生活的一部分。

## 三、数字货币

数字货币是一种以数字形式存在的货币，它拥有实物货币的属性，但可以允许即时交易和无边界所有权转移。数字包括虚拟货币、密码货币等，与传统货币一样，这些货币可以用来购买商品，但也可能在某些社区被限制。

数字货币中最具代表性的是比特币，比特币目前流通市值超2000亿美元，是不折不扣的数字黄金，其发明人中本聪也成了2018年美国《时代》周刊年度人物的有力竞争者。而比特币的诞生，与我们前面所说的区块链更是有着直接的关系。

可以这样说，如果没有比特币，就没有区块链。为什么这么说呢？因为比特币是一种数字加密货币，它是由计算机通过特定属性计算产生的，并且也存储在计算机之中，是看不见摸不着的虚拟货币。后来，随着比特币不断受到关注，尤其是在价格暴涨之后，人们开始研究比特币系统背后的底层技术。之后，人们发现比特币的底层技术就是一个分布式账本，它具有去中心

化和不可篡改的特性,而且人们很快发现,这种分布式账本技术,还可以被应用到现实生活中很多领域。后来,人们干脆将比特币的这种底层技术,命名为区块链技术。

今天,我们要发行法定数字货币的基础也是区块链技术,而金融领域也将是区块链技术最先被利用的领域。

实际上,数字货币有法定数字货币和非法定数字货币之分。所谓的法定数字货币,就是由国家央行发行;其他的数字货币,都是非法定数字货币,包括比特币也是非法定数字货币。

那么,国家为什么要发行数字货币呢?这主要是基于九点考虑:第一,发行数字货币可以降低货币管理和流通的成本,在实物货币中,不管是纸质货币,还是硬币,都是有发行成本的,而且有损耗和操作保护的支出,变成数字货币后,这一大笔成本就可以节省下来了;第二,采用数字货币,能够更好地监管和跟踪货币的流向,让货币的流通变得更加透明,使贪污、受贿、洗钱、造假币等违法行为无处可遁,而数字货币的不可篡改,也让做假账变得不可能;第三,固化单位和个人税基;第四,加强货币总量与货币流向的控制力;第五,打造全新的支付体系,助力普惠金融;第六,建设全新的金融基础设施;第七,有利于抢占贸易战先机;第八,完善现有支付体系;第九,封杀非法数字货币的生存空间。

我们都知道,人类跨国、跨文化的信用问题,是个世界级的大问题。那么谁解决了人类的这个大问题,谁将成为最大的受益者。美国社交媒体集团Facebook(脸书)似乎就成了这样的受益者,因为Facebook于2020年推出了一个简洁的、基于区块链技术的数字货币——Libra币,预计可以解决几十亿人的财富和资产交易流通问题。Libra 币不是像比特币那样的投机资产，而是一种由资产储备支持的数字货币形式。

我们知道，货币历史的演进是从有价值的替代物——贝壳、黄金、银币——到无实际价值、只代表信用的纸币。比如，1971 年 8 月 15 日，美国总统尼克松正式宣布美元与黄金脱钩，从那天开始，美元正式仅代表了一张纸的实际价值，但美元所代表的信用和共识价值，也在那天正式诞生。直到今天，世界上绝大多数的货币，以一个地区或范围的人群所具有的价值共识为基础，仅代表信用的价值。既然纸币如此，而以比特币为代表的数字货币，就更是这种信用和共识价值推动产生的新一代货币产物，更具有全球用户共识，更有流通、存储和使用上的便利。而 Libra 币就是这么一种非常具有潜力的新一代数字货币的代表。

Libra 币需要被很多地方接受，且对于那些想要使用它的人而言应该易于获得。换言之，人们需要相信他们可以使用 Libra 币，并且相信其价值将随着时间的推移保持相对稳定。与大多数加密货币不同，Libra 币完全由真实资产储备提供支持。Libra 币在加密经济领域，是典型的稳定币种，是一种锚定美元的稳定的数字货币，或者说是美元在数字资产领域的影子货币和中介货币。

近年来，美元背后的经济架构越来越为人诟病，支撑美元的石油、军事和先进科技优势被其他大经济体逐步追平，石油资源国正在逐步脱离美国的掌控，军事领域无力再推进一场局部战争，在先进技术领域，其代差优势已经不复存在。巨额的美元内外债达到了 22 万亿，靠着美国政府信用支撑的美元体系面临着系统性的危机。

从推出 Libra 币这个项目来看，其负责人戴维·马库斯不仅仅是一位企业

家,更是一位纵横家。在一场关于 Libra 币的听证会上,他直言不讳地说明,历史上最大的社交力量持有 Libra 币,其实也就相当于几十亿人持有美元。可以看作新世界金融战争的一部分,对于中小经济体来说,是一场金融灾难,因为中小经济体很难保证其自身金融的稳定,一旦所在国用户习惯使用 Libra 币,则等于本币被架空,变成美元的新领地。

因此,分析家指出:这是在为即将到来的美元危机提供战略对冲的机会,扩大了美元的用户基础,也等于是在间接为美元续命。

Facebook 的创始人扎克伯格和马库斯对外界表示,Facebook 不寻求自己在新数字货币发行过程中的垄断地位。话虽这么说,但从美联储和美国政府的支持态度来看,已经说明了问题。作为美元向数字资产扩展的过渡型交易工具,Libra 币已经成为美国进行全球美元市场扩展战略的一部分。

马库斯知道这是企业在和美国政府一起设计一个更大战略的框架,当然,这笔交易是划算的。

扎克伯格完全将这件事情看成企业的行为,但是背后的战略规划师马库斯则认为,企业和世界当下最强的货币力量捆绑在一起的发展模式是符合企业利益的。他说:"这听起来可能极具争议,但没有比这更好的方法来证明我们思维的演变,我们知道什么该控制,什么不该控制,什么不能控制。一个能让数十亿人在世界各地转移资金的网络,不应该是我们能够或应该控制的东西。"

企业虽然不能控制美元的流向,但只要一使用美元,事实上个人甚至国家都处于美国政府和美联储的监管之下。有关分析家进行了一次推演,Libra 币可能为 Facebook 带来巨大的收益。其"第二美联储"的战略野心也就暴露无遗了。美元将从一个口袋变成两个口袋,一个装在美联储口袋里,一个装在

第六章 后金融文明时代

扎克伯格的 Libra 币里。

推演表明：由于 Facebook 拥有接近 30 亿的用户，如果可以向 Libra 币有效转化用户，经过若干年的发展，不但用户的支付习惯被彻底改变，竞争者也很难再有翻身的机会。

回到技术层面，当然不会说出政治和地缘上的战略安排，而全部集中在好处上，根据 Libra 币白皮书所说，Libra 币运行于 Libra 币区块链之上，它的目标是成为全球金融的基础架构，它可以扩展到数十亿账户使用，支持高交易吞吐量。而一个 Libra 币等于 1 美元，这个价格是稳定不变的。如果有 10 个 Libra 币，那就意味着有 10 美元，可以在接受 Libra 币的地方花掉这部分钱。你也可以花钱买 Libra 币，也可以拿 Libra 币换钱。根据 Libra 币白皮书，创造 Libra 币只能通过法定货币 1∶1 购买 Libra 币，法币也将转入储备金。而储备金的规模决定了 Libra 币的实际价值或有波动，但是很小。

研究一下 Libra 币白皮书，我们就能知道 Libra 币可以用来做什么。这个系统就如毛细血管一样，插入支付市场的每一个细节，这是其很可怕的地方，因为这不仅仅是一种支付模式的转换，更是一个新的金融时代的来临。

作为中国用户来说，Libra 币在生活中的作用非常好理解，最直观的理解方式就是把 Libra 币看作由 Facebook 发行的，类似于 Q 币的东西。但更加透明，应用场景更大。大家可以想象一下 Q 币和支付宝或微信余额的结合。用户可以用现金换取 Libra 币后支付所有 Facebook 支持的产品。比如，Facebook 旗下的 Messenger、Instagram 等，这样就可以在手机上更快、更便捷地完成生活中的转账付款了。这一功能中国早在多年前就已经开始普及，但 Libra 币采用的

数字货币的方式,在某种程度上意味着全球经济大国之间的博弈,即将以数字加密货币的形式展开。

除了 Facebook 旗下的产品外,截至目前,已经有投资机构、区块链、社交媒体、通信公司、电子商务、共享出行、非营利组织、音乐、旅行、支付等多领域的 29 家合作伙伴确定加入 Libra 币协会,并参与运营,而且这并不是普普通通的 29 家机构,其中包括了 Uber、eBay、PayPal、Vodafone、Iliad、Lyft,也有 Mastercard、VISA、安德森·霍洛维茨基金、USV 等老牌金融机构。在电子商务行业内,全球知名的电商平台 eBay、阿根廷电商网站 Mercado Pago、在线奢侈品网站 Farfetch,以及知名的投资机构,比如安德森·霍洛维茨基金、推特等,当然也少不了为 Libra 币协会提供技术支持的区块链公司,比如 Coinbase、BisonTrails、Xapo 等,都将成为 Facebook 生态外的主要支付参与者。并且官方预计,参与 Libra 币协会的机构会以极快的速度增加到 100 家。要知道,想要加入 Libra 币区块链的机构和公司,需要向 Facebook 交纳 1000 万美元的会员费用,然后才可以在这个区块链上运行,以便获得数据查看和数据写入的权限。这意味着,光这一项费用,Facebook 就可以收入 10 亿美元,这相当于已经为 Libra 币项目完成了 10 亿美元的融资。

如果进展顺利,这个新体系一年或可承载 50 万亿—70 万亿美元的交易量。这将为美国带来巨大的资金池,能够部分解决美国的国债问题,改变国债的结构。届时 Libra 币只需要收取千分之二的手续费即可。而仅该项手续费收入就会比现在 Facebook 全部营收还要高。

可以说,Libra 币的出现将直接推动 Facebook 的战略推进,它将在盈利模式、全球数字货币上产生巨大影响力。首先,Facebook 可以通过合作

伙伴的加入赚取不菲的加盟费用，比如数十亿美元。但这仅仅是短期的收入，Facebook还可以通过收取类似于信用卡的转账手续费或者支付手续费来获得源源不断的巨额收入。有专家预测，Libra币未来可能会承载50万亿—80万亿美元的交易量，如果每笔费用收取千分之二的手续费，那么一年最少有1000亿美元的手续费收入，这将超过当前Facebook全年的营收。如果Facebook稍稍刺激一下消费，或者提高一下手续费比例，那么这一数字将突破2000亿美元。

要知道，跨境支付每年有超过120万亿美元的市场，现行换汇的价差以及跨境信用卡支付的手续费、动辄5%以上的手续费和服务费等，都让出国或者做国际贸易的人感到心痛，而数字加密货币并不像传统数字货币一样受到政策和区域的影响，只要有互联网接入，区块链能够连接，就可以通过区块链进行转账。这就让Libra币具备了全球货币的特性。无论是跨国转账，还是跨境支付，都能轻松实现。可以说，只要Facebook把跨境支付手续费降低一个数量级，就可以把传统的换汇业务杀个"片甲不留"。

当Libra币稳定运行几年，并让庞大的Facebook生态用户体验到Libra币的便利之后，届时Libra币将真正变成一种金融工具，使旗下的电商、游戏、服务和金融数字生态发生彻底的转变，同时会给目前全球的货币体系带来前所未有的冲击。当所有的服务不再以美元或者传统货币计价，而是以Libra币来进行计价时，那将会是怎样的一种场景？

简单来讲，一旦27亿的Facebook用户接受了Libra币，那么Facebook将在数年后变成这27亿人所在国家的中央银行，对该国经济进行渗透。同时它还将在税收、监管、防范犯罪等领域有所作为，因为资金的流向也将透明开放。因此，Libra币一旦正式开始运营，其影响力可能是天翻地覆的。

而我们要做的，就是密切关注Libra币的发展趋向，虽然对于中国这样的超大规模的经济体来说，不是Libra币即将进行金融权力争夺的对象，因为和Facebook相比，中国本土互联网社交和支付模式已经形成（比如支付宝和微信），但对于这样的变革趋势，我们却不能够视若无睹，毕竟中国要实现崛起，就需要走在变革的前列，成为新潮流的引领者，而不是被动的防范者。

实际上，目前央行已经基本完成顶层设计、标准制定、功能研发、联调测试等工作，而且从2019年年底就开始在深圳、雄安、成都、苏州进行内部封闭试点测试。央行数字货币（DCEP）首批试点机构包括中国银行、工商银行、农业银行、建设银行这四家国有大行和移动、电信、联通三大运营商，试点场景包括交通、教育、医疗、消费等领域。后续还将不断优化DCEP的功能，稳妥推进数字化形态法定货币出台应用。

在未来，数字货币的发展存在四个可能性的方向。

①数字货币成为一种全球性的数字资产和投资品，这也是目前数字货币在全球扮演的主要角色。

②成为在特定场景下的金融工具。目前在全球范围内不同清算体系之间进行价值传输，时间长、成本高，而数字货币作为全球流动的媒介，可以很好地解决这一问题。

③数字货币成为一种新型的支付网络，但由于新近的互联网金融公司已经分别将该产业进行升级和创新，因此支付网络的发展尚不明朗。目前国内已经有部分数字货币完成了支付手段的实现，比如福源币等。

④创新范围更广、更具有想象力的一种发展趋势。数字货币及区块链技术成为一种创新的协议，用于分布式交易、智能合约、去中心化系统、物联网

等多个领域，帮助这些领域更快速地发展。

## 四、未来银行

乔纳森·马米兰在其所著的《未来银行》一书中提到："未来不可预知，但预测银行的未来趋势需要回归本源，理解银行的发展历程。有人形象地把银行说成资本的搬运工——把资本从价值低点搬到价值高点，价值实现空间搬运的过程，银行的角色是支付中介；价值实现时间搬运的过程，银行的角色是信用中介。银行通过支付中介和信用中介建设，为商业发展和工业化提供了支撑，重塑了商业和工业的资金流。此外，还为自然人建立了支付和融资平台，提高了生活和消费中的资金使用效率。"[1]

的确，未来的银行可能成为一个数字资产的管理机构、咨询机构和服务机构。服务内容更加综合，服务水平更加智能化，使中小微企业和个人得到更好的服务。

改革开放以来，我国金融业在改革创新中不断发展壮大，金融机构和从业人员数量大幅增加，金融规模明显扩大，各种不同性质的银行机构遍布全国，承担着吸收存款、发放贷款的职能。

1978年12月，我国金融改革正式拉开序幕，中央银行制度框架基本确立，主要国有商业银行基本成型。1979年，我国的金融改革主要有五件事：一是中国人民银行开办中短期设备贷款，打破了只允许银行发放流动资金

---

[1] 乔纳森·马米兰：《未来银行》，中信出版社2020年版。

贷款的老框框；二是根据《关于恢复中国农业银行的通知》，中国农业银行重新恢复成立；三是决定将中国银行从中国人民银行中分离出去，作为国家指定的外汇专业银行，统一经营和集中管理全国的外汇业务；四是国家外汇管理局同时设立；五是成立第一家信托投资公司——中国国际信托投资公司。

1983年9月，国务院颁布《关于中国人民银行专门行使中央银行职能的决定》，中央银行制度框架初步确立，该决定同时规定"成立中国工商银行，承办原来由人民银行办理的工商信贷和储蓄业务"；从1984年1月1日起，中国人民银行不再办理针对企业和个人的信贷业务，成为专门从事金融管理、制定和实施货币政策的政府机构。同时新设中国工商银行，人民银行过去承担的工商信贷和储蓄业务由中国工商银行专业经营。至此，中央银行制度的基本框架初步确立。

1985年之后，我国金融开始向法治化发展，体系更加完善，中国人民银行领导下的商业银行的职能开始逐渐明晰，业务范围开始扩大，银行金融机构开始建立。1985年1月1日，国家实行"统一计划，划分资金，实贷实存，相互融通"的信贷资金管理体制。1986年1月，国务院发布《中华人民共和国银行管理暂行条例》，使中国银行业监管向法治化方向迈出了重要的一步；同年7月，中国人民银行颁布《城市信用合作社管理暂行规定》，城市信用社的发展从此步入正轨，并在今后3年里，规模迅速壮大，构成了我国城市信用社现行体制的基本框架。

1993年12月，国务院颁布《关于金融体制改革的决定》，明确了中国人民银行制定并实施货币政策和实施金融监管的两大职能，并明确提出要把我国的专业银行办成真正的商业银行。至此，专业银行的发展正式定位于商业银行。

1994年年初，三大政策性银行成立，标志着政策性银行体系基本框架建立。1995年是金融体系法治化的一年，标志着金融监管进入了一个新的历史时期，开始向法治化、规范化迈进。1996年7月，全国农村金融体制改革工作会议召开，随后农村金融体制改革开启，从1996年9月开始，全国5万多个农村信用社和2400多个县联社逐步与中国农业银行顺利脱钩。

2001年12月，中国正式加入世界贸易组织，金融业改革步伐加快。2002年12月，中国证监会和中国人民银行联合发布的《合格境外机构投资者境内证券投资管理暂行办法》正式实施，QFII制度在中国拉开了序幕。这是将中国资本市场纳入全球化资本市场体系迈出的第一步。

2003年3月10日《关于国务院机构改革方案的决定》，批准国务院成立中国银行业监督管理委员会(以下简称中国银监会)。至此，中国金融监管"一行三会"的格局形成。

中央银行在三次变革后，实现了货币政策与银行监管职能的分离，同时，中国银监会、证监会和保监会全方位地覆盖银行、证券、保险三大市场，分工明确、互相协调的金融分工监管体制形成，中国金融业改革发展进入一个新纪元。2003年12月，中央汇金公司成立，从而明晰了国有银行产权，完善公司治理结构，督促银行落实各项改革措施，建立起新的国有银行的运行机制。2004年2月，《中华人民共和国银行业监督管理法》正式颁布实施，并在香港特别行政区正式开展人民币业务。

自2005年7月21日起，我国开始实行以市场供求为基础、参考"一篮子"货币进行调节、有管理的浮动汇率制度。人民币汇率不再盯住单一美元，形成更富弹性的人民币汇率机制。到 2006 年 2 月底，我国外汇储备达 8537 亿美元，首次超过日本，跃居世界第一。2008 年 12 月 16 日，国家开发银行股份有限公司挂牌，我国政策性银行改革取得重大进展。

2010 年之后，我国金融业务快速增长，其增长速度甚至比 GDP 增长还要快。近年来，我国的主要商业银行，通过上市提高了资本充足率，引入了市场监督机制，改善了公司治理结构，也提高了运作的透明度，在全球商业银行中位居前列。同时，资本市场的发展也拓宽了商业银行中间业务的范围，并为银行和保险等金融机构提供了多元化的资金运用渠道。

可以说，在我国现有的银行体系下，跨行之间的转账已经十分方便，用户只要在手机上安装了银行 App，就可以通过手机给任何一个银行账户转账，不但免手续费，而且是秒到账。但是，境外汇款的流程，却仍然比较烦琐，用户在这边转完账之后，往往需要 5—7 天才能到账，而且会产生较高的手续费。而境外汇款之所以时间长、成本高，主要是各个银行都有各自的账本，这些账本不能随意互换，进行清算。因此在境外汇款中，汇款银行和收款银行往往没有发生直接的交易，在转账的过程中需要中间银行执行操作，这样就加大了交易成本，而且延长了交易时间。

为了顺应时代潮流，早在 2016 年，中国人民银行有关负责人就已经表示，未来移动支付前景明朗，央行正积极研究国内外相关研究成果和实践经验，争取早日发行数字货币。

2021 年 2 月 24 日，中国人民银行发布声明，宣布与阿联酋央行一同加入多种央行数字货币跨境网络项目，探索中央银行数字货币在跨境支付的应用，该项目由三个组织发起，分别是国际清算银行创新中心、香港金融管理局和泰国央行。该项目将有助于更多亚洲和其他地区央行共同研究提升金融基础设施的跨境支付能力，以解决跨境支付效率低、成本高、程序繁杂、透明度低等问题。因此，数字货币跨境汇款将是未来银行的主流业务之一。

2018 年，布雷特·金恩在其所著的《银行 4.0：金融常在，银行不再？》一书中，从未来学视角，预测银行在未来的发展趋势，提出很多发人深省的看法和判断。

布雷特·金恩把银行业发展分为四个阶段：

银行 1.0。以分行为主要客户通路的古老传统银行，这种银行始于 12 世纪的美第奇家族。

银行 2.0。自助银行设备出现，这是有史以来第一次银行在打烊后，还能提供服务。银行开始使用自动柜员机，并在 1995 年因网际网络开始商业化而加速。

银行 3.0。智慧型手机在 2007 年出现后，重新定义了我们使用银行服务的时间与地点，随着越来越多的交易转移到移动支付、个人对个人（P2P）金融和挑战者银行在行动载具开发的功能，这个现象愈演愈烈，通路的未来更加混沌。

银行 4.0。透过技术层随客户所需及时提供内嵌的、无所不在的银行服务。这种服务由即时的、情景式的体验、无障碍的互动，并由人工智慧的建议层主导。绝大多数透过数位全通路，完全不需要实体营运据点。

布雷特·金恩在《银行 4.0：金融常在，银行不再？》中以马斯克的 SpaceX 火箭技术和乔布斯的苹果手机为例，指出颠覆性创新必须回到"第一原理"。在工业 4.0 时代的银行业也应该以"第一原理"的思维模式

探究客户的需求是什么，以功能为王，提供客户所需的功能，渗透于客户的生活中，与客户各种生活情境的设备整合。因为客户的需求是金融服务的功能，也就是存款、贷款和汇款，而不是银行自身。银行账户价值，将来自它如何提供符合当下情境所需的功能，又会如何适应客户的行为与金融生活。

进入工业4.0时代后，消费者的行为和客户需求，已经发生了翻天覆地的变化。在网络时代成长的消费群体，只追求及时体验，根本不在乎金融服务是由谁提供的。所以，未来的银行要围绕客户需求，融入客户生活情境，成为"内嵌式金融服务"的提供者。

随着人工智能和区块链技术的不断发展，科技金融公司正在企图清除使用金融服务的所有障碍，不断蚕食银行业务。银行功能变得无所不能。人工智能、大数据、云端运算、扩增实境等技术改变了金融供给方式，依赖实体分行的银行将无路可走。因此，银行要打造场景，优化渠道，走向体验，提供全方位的服务，才能记得更多的客户。

可以说，在工业4.0时代，银行业的唯一出路，是打造快捷银行，只有保持快捷、高效，才能够迅速改变过时的流程，并提升决策的能力。快捷银行具有五个核心特征：一是以客户为优先的任务；二是广泛创造营收的能力；三是快速的产品设计与分销；四是建构原型与持续学习的文化；五是优化通路和数位全通路。

因此，未来银行要想继续生存和发展，必须以客户为中心，跳出银行办银行，将银行的网点打造成社区中心。[1]

过去几年，我国金融科技实践引领时代潮流，产生了世界性的影响。同

---

1 布雷特·金恩：《银行4.0：金融常在，银行不再？》，台湾金融研训院2018年版。

时，近年来我国的小微普惠金融也取得长足进步，走在国际前列。因此，我们坚信，在可以看得见的未来，中国版的小微金融服务标准，也必定能够产生世界性的影响。

# 第七章

## 社会治理与政府职能

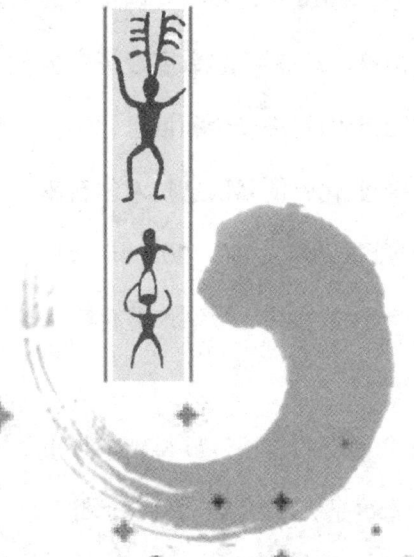

在人类文明史上，政府在公共事务方面的服务管理能力，一直是衡量社会是否进步的重要指标。进入现代社会以来，随着经济的不断发展和人民生活水平的不断提高，各国政府在科技、文化、卫生、教育等领域投入了越来越多的人力、物力和财力，但依然存在很多问题。而数字经济时代的云计算、大数据、区块链等技术，将会使政府的办公效率得到极大的提高，尤其是区块链的可溯源、安全透明、不可篡改等属性，更是可以直接帮助政府部门解决相关问题。

# 一、社会治理新概念

在工业 4.0 时代，数字经济正逐渐成为全球经济增长的新动能，很多国家更是抢先在数字技术研发、数据开发与应用、数据风险与安全、技术人才培养等方面加快布局。我国对于数字经济也十分重视：2016 年，在由我国主导的 G20 杭州峰会上，提出数字经济发展与合作的倡议；2017 年，"数字经济"被写入党的十九大报告；2018 年，习近平总书记在全国网络安全和信息化工作会议上指出，"要发展数字经济，加快推动数字产业化，依靠信息技术创新驱动，不断催生新产业、新业态、新模式，用新动能推动新发展"；2020 年 4 月，习近平总书记在浙江考察时再次强调，"要抓住产业数字化、数字产业化赋予的机遇"，并"抓紧布局数字经济"。

实践也证明，近些年来，数字技术对于社会治理的作用，显得越来越重要。尤其是在 2020 年这个特殊的一年，数字技术更是大显身手，在病毒溯源、

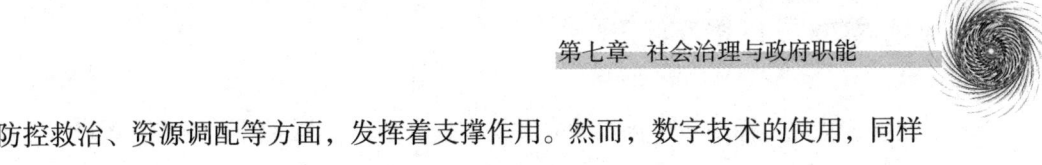

防控救治、资源调配等方面，发挥着支撑作用。然而，数字技术的使用，同样也引发了不小的争议，主要表现在个人隐私泄露，对人们的生活造成了许多困扰，同时侵害了当事人的合法权益。

那么，如何在运用数字技术优势的同时，加强对数字技术的管控，保护好人们的合法权益呢？笔者认为至少要做到如下 6 点。

### （一）政府要有数字治理的思维

现如今，数字技术与人们的生活紧密关联，可以说无所不含，无所不在。相比其他生产要素，数据资源的可复制、可共享、无限增长和供给的禀赋，能够打破传统要素的有限性，为持续增长和永续发展提供了基础与可能。数字技术正在成为经济社会发展的重要驱动力，但在其快步向前的同时，社会治理也面临着新的挑战：一是来自传统思想观念的挑战，近年来的"最多跑一次"改革，推动了传统政府服务观念的转变，但信息处理系统的整合仍然面临种种障碍；二是来自传统评价标准的挑战，传统的评价标准重项目、重过程、重演示，忽视准确的绩效评估，导致一些地方政府和部门仅仅将数字技术和传统治理方式简单嫁接，变成高科技形式的"面子工程"；三是来自基础建设不完备的挑战，网络覆盖率不足、硬软件落后不仅会降低数字技术在社会治理中的体验感，而且会降低政务服务的效率；四是来自用户体验不成熟的挑战，由于用户对于操作方法不熟悉以及在办理业务时的生理和心理原因，相较于新技术渠道，人工服务依旧是绝大部分民众寻求公共服务的首要选择。

### （二）聚焦治理绩效，加快政府内部运作的数字化转型

在利用数字技术搭建线上平台的同时，建议制定政府内部运作数字化的

制度、法规、标准，优化指导方案，实现受理平台与部门业务系统之间、政务数据与社会数据之间的有效对接和实时更新。一方面，打破部门间信息壁垒，实现政府内部部门间信息渠道统一、畅通；另一方面，使内部"网上办公"的水平与对外"网上办事"的水平相匹配，从而进一步提高行政效率。

### （三）坚持以人为本，推进数字技术更好地为人民服务

社会治理要坚持为人民服务的根本宗旨。一方面，要拓展和强化社会治理线上平台的民生服务功能，融入更多便民服务板块，提供权威政策信息和民生服务信息；另一方面，应加强对于政务网、手机端的使用宣传和培训，可以在采取线上办理的同时提供人工辅助，对办理民众直接指导，提升使用信任度从而提升使用率；也可以将部分政务服务通过产品外包形式，转嫁给诸如支付宝、微信等平台，通过政企合作，实现民众政务需求的利益最大化。

### （四）强化基层实践，建立基层的社会治理线上平台

基层是社会治理的基础。目前街道和乡镇人口众多，人员流动性大，工作生活节奏快，传统的交往和服务方式存在困难，建立基层的社会治理平台有利于解决多种多样的现实需要。有条件的地方可以搭建基层治理的云上平台，还可以指导基层建立微信公众号，逐步加以规范。这类虚拟平台不仅可以发挥党政组织的政治引导和社会动员作用，实现基层的公共事务公开，而且可以成为各种合法的社会组织展示自己、了解需求、提供服务的渠道，也可以为居民群众的民主参与、民主监督提供有效途径，提高基层社会自治的能力与活力，促进社会多元主体的合作创新。

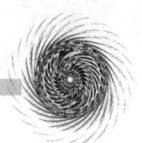

## （五）推广数字技术，提高社会治理智能化水平

提高原始数据自动生成能力，消除"二次加工"对数据的真实性和可信性的影响。大力倡导对公共数据的深度挖掘和关联分析，提高利用率，自觉用大数据辅助决策、评估政策实施效果。实行线上实时监管、智能监管，提高社会治理系统监测、评估、分析、预警的效能。构建基于大数据的社会风险预警机制，加大风险管理工具和技术平台在社会风险的监测、分析、预判和决策中的应用，及时精确地发现和定位社会治理数据异常现象，提高防控的效率和准确性，充分实现社会风险的源头治理。

## （六）完善法律法规，提高数字治理法治化水平

目前，我国针对数据共享相关立法方面相对滞后，围绕数据共享的指导性细则也并不具备。这种先实践再立法的模式，对于数据实践存在非常大的法律和安全风险。因此，应尽快制定数据共享方面的法律制度，同时出台相关细则及行业规范。同时，政府应通过一系列的数据相关法律法规规范等建立相应的隔离带、遗忘区，最大程度保护个人数据安全，规范数据共享。[1]

总之，全面提升数字素养是数字经济发展的重要基础，是消除数字鸿沟的关键，因此政府应设法实现信息服务全覆盖，提高全民的数字技能，强化互联网平台行为监管，营造良好发展环境。而要真正做到这一点，政府必须完善数据隐私保护法律法规，明确数据应用边界，同时要转变政府治理模式，积极应对数字化浪潮，主动探索和实践新的治理模式，开发以数字技术和数字资源为基础的新型治理工具，加强体制机制创新，提升政府部门和企事业单位的数

---

[1] 金雪军：《数字经济时代社会治理面临的挑战与机遇》，浙江大学公共政策研究院，2020年11月12日。

字化管理水平。[1]这样才能催生出新时代法律监察机关的法律监督能力,锻造出监管能力与社会各界共同保障公共利益的坚固锁链。相信到那个时候,我们国家的环境更加美好,资源更加丰裕,经济更加繁荣,治安更加良好,社会更加稳定。

## 二、"数字政府"

"数字政府"是指在现代计算机、网络通信等技术的支撑下,政府机构的日常办公、信息收集与发布、公共管理等事务在数字化、网络化的环境下进行的国家行政管理形式。"数字政府"包含多方面的内容,比如政府办公自动化、政府实时信息发布、各级政府间的可视远程会议、公民随机网上查询政府信息、电子化民意调查和社会经济统计、电子选举,等等。

"数字政府"最明显的一个优势是大大提高了政府的办公效率,过去那种传统的繁文缛节、拖泥带水的作风将被高效、快捷的办公方式取代。各种文件、档案、社会经济数据都以数字形式存储于网络服务器中,用户可以通过电脑快速查询、即用即调。

"数字政府"的办公方式,也使政务办理超越了时间和空间,一改过去集中在一个办公大楼、一周5天、一天8小时的工作制。只要有电脑和互联网,每个政府官员和公务员都可以网上在线办公,处理公务不受时空限制。无论他是在家里,还是出差,或者乘车,随时随地都可使用手提电脑,通过有线或无

---

[1] 张世珍:《数字经济面临的治理挑战及应对》,载《光明日报》2021年2月9日。

线网络通信,登录到自己的办公站点,处理事务。同时,个人、企业或组织也可以足不出户,便和政府联系。

"数字政府"还改变了政府的组织形式。传统的政府机构是层次结构,从中央到地方分为数级,上一级管若干下一级;公务人员数量多,机构庞大。而"数字政府"表现为分布式的网络结构,公务人员的等级则表现为一定的网络用户权限。而这种组织形式,不但大大提高了政府的办公效率,而且使公务人员数量大量缩减,给国家节省了大量人力资源。

区块链技术的出现,将使我国的"数字政府"逐渐走向成熟。

## (一)区块链可推进"互联网+政务"的优化升级

区块链技术在电子政务领域的有效运用,将有助于打破传统政务服务向"互联网+政务"服务转型的信用和安全藩篱,有益于互联网与政务深度融合的实现,优化政府业务流程,助力政务服务体验升级。基于区块链的不可篡改、非对称加密、可追溯等特性,以及基于网络共识构建一个纯粹的、跨界的"利益无关"信任网络的验证机制,可以使得通过区块链传输的行政相关数据信息具有高度的安全性和可靠性,并打造出一条牢不可破的网络"信任链",为网络交易各方构建一个高度安全、深度信任的数据流通环境。

## (二)区块链可提升政府服务效率,降低信息系统运营成本

作为新型可信信息互联技术手段,区块链在网络数据交互中能够有效提升工作效率,并因分布式的结构而具有降低信息系统运营成本、减少运营负担的功能。据统计,区块链的应用能够为政府监管降低30%—50%的成本,并在运营上节约50%的成本。

政府各部门可以通过部署本地化的区块链节点，快速实现区块链分布式账本与业务系统数据的同步。同时，上链同步的数据仅为数据哈希，并不是完整原始数据的全区块链的同步。每条数据的哈希容量仅几十字节，能够在占用极小数据带宽的前提下，实现安全的数据记录同步。由此，各部门业务数据不需要再全量向中心化数据交换系统进行冗余复制，从而既减少了各部门工作量，也在跨部门业务进行之前保护了各部门的数据隐私，并减轻了信息化服务中心对中心化系统的维护负担。

分布式的区块链节点能够帮助各部门在不依赖第三方的情况下，就能完成数据传输过程中对数据真实性、原始性的验证，从而确保数据传输的可信。由于验证所需的数据哈希在所有业务发生时即完成了同步，因此对数据的验证环节能够在验证部门本地完成，由此又提高了验证效率。

## （三）区块链可促进阳光政府与政务公开的政策的落实

根据阳光政府与政务公开政策的相关要求，目前许多政务信息化建设已为市民提供了便利的政务公示查询环境，但从技术上仍存在内部管理权限泄露问题，以及管理权限被擅自使用引发的对数据记录进行违规更改的问题，任何对公示过的信息进行更改、对公示过的政策不予执行或未予共识擅自执行的行为，都会留下信任隐患。

基于区块链，数据记录可以通过多方节点共同完成，并留下发生时间明确且防篡改的数据记录。根据此记录，内部审查人员能够清楚地做穿透式监管。此外，市民也可通过任何一个参与到区块链网络中的可信节点对数据记录

第七章 社会治理与政府职能

的真实性进行验证,从而有效地促进政务走向阳光、公开。政府部门通过区块链的应用也可将职能公信力与技术公信力实现进一步的叠加,从而更好地落实阳光型、服务型政府建设的政策。

## (四)区块链可帮助建立新服务模式,进一步提升公信力

通过区块链,政府各部门可以将数据记录建立可信联结,从而有效地建立不依赖第三方中心化服务器而实现跨部门数据流通的基础网络。通过联盟链架构的区块链的节点延伸机制,政府有关部门可以准确地对非政府机构进行数据价值输出。企业或个人也可在任意一个参与到联盟区块链的可信节点对自身数据的交换共享进行授权,从而促进金融机构对企业或个人形成更为快捷的信用评估与数据画像,让最高质量的政府数据在市场中获得价值。

在这种价值数据的流转模式中,企业或个人将获得更为优质的金融服务,而政府部门也可以通过输出有效的数据资源向金融机构收取数据服务费用,形成良性数据互通模式。与此同时,政府在该网络中也能够进一步获得来自金融机构等非政府外部机构的数据资源,并通过区块链进行授权与可信验证,由此,可有效推动政府在基于大数据的城市服务规划中能够更准确地获得基于真实数据的决策建议。

以政府部门率先建立的区块链数据可信流转网络为基础,还可以创建出更多的政务应用和新服务场景。在对数据真实性要求较高的互联网相关业务方面,如互联网金融、电商等服务,线上公正、仲裁、判决等司法服务,可以以政府率先发起的区块链基础设施网络来作为技术公信力与职能公信力双背书,对这些互联网业务中所涉及的关键数据提供存证服务,从而能够对互联网事件行为进行真实性的还原。在服务模式上,这也是政务信息化开放与

包容的体现：不仅对政府内部，也能够对外部提供更为有效的区块链数据安全类服务。

### （五）区块链可帮助一国政府保持全球竞争优势，落地政策指引

目前，多国政府已对区块链采取了明确的拥抱态度。英国、美国、中国、俄罗斯等国已经陆续展开区块链政府建设的探索，在多个场景下尝试区块链在政府公共服务中的应用。

2016年以来，我国政府已多次发布涉及区块链技术的行业政策指导文件，浙江、江苏、贵州、福建、广东、山东、江西、内蒙古、重庆等省区也走在前列，率先发布了自己的地区性区块链指导意见，浙江、江苏、贵州三省表现得最为突出。在接下来的几年，相信会有更多的细化的政策扶持文件陆续下发。区块链领域的所有人，都应该认真理解、吃透政策，以抓住这一政策红利。

## 三、不可或缺的法律

进入数字经济时代后，区块链应用场景开始不断拓展，为金融、供应链管理、文化娱乐、智能制造、社会公益、教育就业等领域的行业发展"瓶颈"和难点提供了一个解决思路。技术的发展催生了社会生活的巨变，但由于法律的滞后性，因此很难在技术产生之前或之初就做出及时而有效的修订。凡事预则立，不预则废，在了解新技术内容的同时，对区域链可能涉及的法律问题进

行研究十分必要。

针对区块链的发展，应厘清法律架构，建立规范的法律法规体系或指导意见，以避免行业发展走弯路。区块链也存在大量风险，例如网络安全、欺诈、洗钱、公平竞争等。借助专项治理整顿互联网金融，在确保互联网金融机构规范发展的同时，要认真研究区块链的法律监管。

各国政府对区块链技术都是十分重视和鼓励的，可以说，如果公司只在链端发展，政府是支持的；但一到币端，各国政府的态度差别就很大。

新加坡 MAS 于 2017 年 11 月 14 日发布《数字货币发行指引》，该指引明确了代币发行相关的监管问题，明确了监管的范围，当数字代币属于证券及期货法项下定义的资本市场产品时，数字代币的发行受到 MAS 的监管。也就是说，如果发行的数字代币不属于资本市场产品，则不需受到 MAS 的监管，只需遵守反洗钱等常规性要求即可。

而中国香港证监会于 2017 年 9 月 5 日发布了一则《有关首次代币发行的声明》，对监管范围、监管对象做了界定和解释。明确了监管范围：首次货币发行所涉及的数字代币符合《证券及期货条例》所界定的"证券"，不论主体是否在香港，只要其业务活动是以香港公众为对象，便须获证监会发牌或向证监会注册。该声明明确列举了三类证券类代币，分别是"股权""债权""集体投资计划"。

可以看出，新加坡和香港对于首次货币发行的指导性政策十分相似，对于带有"证券"属性的数字代币都纳入了监管体系，对于"虚拟商品"类，暂时持开放态度。

其实，区块链技术所带来的法律问题有两方面：一是区块链技术本身具有的法律问题；二是区块链应用产生的法律适用问题。

## (一)区块链技术法律问题

区块链分为公共区块链和私有区块链,公共区块链任何人都可以参与并进行交易活动,读取或写入信息的区块链。私有区块链则是仅对通过授权的使用者开放的区块链。公共区块链具有包容性,但会产生较多的法律冲突。国家间物权、金融等法律规定不一致,各自对于网络虚拟货币的法律地位、所有权转移、数字凭证优先性等关键法律规定会对区块链交易行为产生影响。另外,区块链数据安全责任。区块链不同于以往的中央服务器架构,将数据分散于各节点,也使得数据安全责任分散,去中心化成为一把"双刃剑"。一方面,去中心化使得各个节点之间可以在零信任的基础上进行数据交换,免去了过去须第三方进行评估或证明的烦琐程序,提升了交互效率。另一方面,去中心化使得没有任何一个节点有义务承担数据安全责任。访问区块链信息须使用私匙,一旦私匙丢失,储存在区块链中的信息将完全暴露在网络中,信息所有者无法通过事后救急的方式删除网上信息或取回私匙。

区块链服务提供者不同于以往的互联网服务提供者,其对区块链信息并不直接进行管理,是否对区块链中存储的信息负责尚待进一步研究。国家对于互联网企业的网络信息安全监管责任规定将难以落实,这对国家信息安全监管提出了新的要求。

## (二)区块链应用中的法律适用问题

第一,法律缺失,区块链企业及业务缺乏行业监管。

区块链企业以及借助区块链开展的业务正在迅猛发展,已经超出了虚拟货币的范围。首先,可以探索建立"创新者备案免责"制度,建立创新容错机制,为创新创造宽松的监管环境,也为市场带来稳定的预期。

第二，区块链从业人员事前登记制度。

区块链的核心竞争力是信息的安全，虽然利用分布式储存的方式在技术手段层面极大减少了恶意篡改的可能，但是仍然在行业发展初期对区块链管理人员进行备案登记管理。区块链中存储有大量的个人信息、商业信息，对管理者的严格监管，是对信息所有者的保证，也有利于提升区块链企业的核心竞争力和社会公信力。

第三，根据"区块链+"不同行业的特点，制定区别化的监管措施。

能与不同行业结合是区块链技术的特点，也将产生不同的监管需求。在金融领域，区块链技术可以实现资金的快速转移和交易，需要对虚拟货币在交易中的法律地位，跨国结算中的法律冲突解决进行规定。在智能合约领域，需要对合同法进行完善和修正，以适应新的社会现实的需要。

当前我国针对区块链技术本身的立法和监管存在空白，欧盟对于区块链尚采取观望态度，美国鼓励并保护区块链技术创新企业。

有学者认为可以参考欧盟于2016年年底发布的反洗钱指令的修改稿，要求"数字货币交换平台和托管钱包提供商"在交易时，应对客户进行尽职调查，以消除其匿名性。该指令进一步提出，在未来，数字货币持有者的身份有可能必须与数字货币的网络地址相连接。也有学者认为监管机构可以在智能合约中编入限制性代码，通过智能合约本身限制特定类型的违规交易，实现有效的事前监管。

因此，在区块链技术大范围投入使用前，可以采用"沙盒监管"的模式，在可控的环境内对其进行测试，提升监管者对区块链技术的了解认知，也可以预防风险和损失。同时，此类监管模式通过简化市场准入标准、流程，也有助于促进新产品、服务的快速落地运营，并且监管可以根据情况做出相应调整。

总之，在数字经济时代，区块链是重要的生产要素和互联网企业的核心资产，国家也认可区块链作为新型生产要素的意义和价值，而我们每个个体几乎每时每刻都在区块链中，我们的个人信息中相关权益的界定成为一个复杂问题。如何在推动区块链技术发展和加强对个人信息的法律保护之间取得平衡，是我们这个时代面临的重大社会和法律问题。

## 四、大数据与用户隐私权保护

2018年，《华尔街日报》报道了一则新闻，美国国会议员致函苹果CEO蒂姆·库克和Alphabet CEO拉里·佩奇，询问这两家公司是如何保护用户隐私的。

在信函中，议员主要询问了两件事。一是列举了用户信息遭到泄露的事例，比如，iOS系统和安卓系统都会收集用户的地理位置信息，甚至会在用户不知情的情况下追踪用户。即使用户注意到了这点，提前关闭位置服务，安卓系统依然能收集用户地理位置，并把数据发送给谷歌。二是这些系统会收集用户通话的语音数据，并与第三方共享，在这个过程中，用户隐私存在遭到泄露的风险。

这次问询是由同年剑桥分析盗取5000万名Facebook用户的个人信息丑闻引起的，甚至还有一位前职员站出来揭发，讲述了剑桥分析是如何利用这些数据来投放广告、左右美国大选的。此事一出，美国多个部门联合调查这

起事件。

面对询问,库克坚持称苹果没有开展"数据业务"。苹果不依靠用户数据创收,因此不会收集这些数据。

我们经常与信任的人分享更多的信息,这种针对特定用户的分享,包含了个人信息、历史、想法和感受。我们使用的应用程序和设备的隐私与信任也是同样。用户信任 Facebook,并使用了隐私设置来保护自己的数据,用户设置了这些隐私该遵循什么原则来显示,并且相信 Facebook 会保护好这些数据。可以说,保护用户的隐私权,是一家互联网公司的基本责任。

相关隐私法律保护用户的个人身份信息是有充分理由的。因为在互联网时代,用户的个人数据与其身份、财产等方面息息相关。比如在互联网上,个人身份信息与照片、生活事件、银行余额、财产记录、信用记录、简历、健康状况、家庭成员、朋友、学校、爱好和政治倾向等密切相关。随着物联网的建立和内部完善,设备的连接越来越紧密,更多的数据将在人与人、公司、政府和生态系统之间共享。

用户在使用电脑、手机、VR/AR 等设备时也一样。而且有关试装的 AR 应用,必然要记录人们的身体数据和影像。2019 年 9 月初,一款"AI 换脸"软件一夜爆红。用户只需上传一张照片,用 AI 换脸功能,就可将照片上的脸换到明星身上,生成的照片简直是天衣无缝。不仅是照片,就连视频也能完成"换脸",此前网络上传出把当红女星与 20 世纪 90 年代港剧女主角换脸的电视剧片段,网友们惊呼简直就像是她本人参演的,不仅五官特征相同,就连神态表情也非常自然。然而爆红带来的除了顶级流量,还有巨大的争议,人们更关注的是脸部数据泄露后,如果不法分子利用这款软件犯罪,人眼根本分辨不了。不出一个月,这款软件的开发公司就受到约谈,App 也

就草草下架了。

那么,在数字经济时代,用户隐私权都受到哪些挑战呢?

第一,手机就是一部跟踪设备。它实时定位我们的位置,并通过身份验证确认我们的身份。黑客可以利用手机位置数据追踪我们的运动轨迹,获知我们的日常路线和生活模式,甚至兜售给别有用心的人。即便没有黑客抓取用户信息,我们无意间的一个操作,也会泄露隐私。比如,将一张自拍发到社交网络上,这条信息就自带一个位置信息。

第二,用户数据被随意使用,如果没有限制隐私设置的能力,我们的数据可能成为市场营销人员的商品,可能成为政治家的选票,或者成为数据科学家的统计数据。在社交平台上,备受用户诟病的就是"僵尸粉"行为,一些营销平台不仅利用人工智能假装用户,真实用户的身份还经常被莫名使用,给不认识的明星、活动点赞留言。

第三,手机可能成为犯罪分子闯入家里的"钥匙"。基于物联网技术构建的智能家居,一般会以手机作为智能管家,控制家中的电器、监控、安保等。然而一旦获取手机,或是通过技术手段进入手机数据,窃贼就可以轻松打开智能门锁,调开监控探头。

实际上,各国对用户隐私数据的监管都很严厉,兼顾隐私保护和数据利用的计算方式就成为企业与学界研究的重点。以往人们的隐私信息遭到泄露,主要原因还是信息保管方式不当,比如公司、酒店、招聘网站、调查活动等,这些地方要人填写各种详细信息,但是又不好好保管。目前比较好的大数据解决方案中,使用隐私计算+区块链技术来解决。用户可以选择把个人信息以加密方式都存在区块链上,当需要在各种表格中填写个人信息的时候,可以直接用加密方式提供。对方拿到了加密后的信息,可以直接拿到区

块链上验证。这样对方既可以核实用户信息的真实性，又免于直接拿到可见的信息。

比如，一个人把姓名、身份证号、头像照片存在区块链上，生成了一长串乱码一样的加密信息。当他入住酒店时，只需要把密文交给柜台服务员。酒店可以通过人工智能对他进行人脸识别，然后比对他提供的和区块链上的信息。整个过程中，酒店方不会知道他的姓名和家庭住址，但是又能够确认是本人来入住。用户的隐私信息被有效地保护起来。与此同时，公司和机构仍能获得精准有效的数据分析结果。这就是隐私计算＋区块链的魅力。

## 五、区块链将改变造假行为

区块链技术有一个很大的优势，那就是可以通过不可篡改的分布式账本，创造和诞生人类历史上第一个单纯依靠技术手段实现的、拥有天然信任的、不可复制的物品。目前，我们所看到的自然界所有的物品，都可以被复制，甚至包括了生命体，比如克隆技术。因此这些物品都无法保证它的唯一性和真伪，也就需要第三方机构为物品提供信用，才能防止造假，比如人民币就由中国政府提供信用，国家依靠公检法这样的国家机构，确保人民币有效，谁造假就惩罚谁。但这种信用同样消耗了巨大的社会成本，即使这样，造假的事件还是屡禁不止。而区块链技术中的账本记录，则实现了不可复制和不可修改的特点，因此自带信用，可以有效地防止造假行为。

## （一）防止食品造假

现代人都注重身体的健康，而且愿意多花一些钱买到真正的绿色食品。但实际上，当你花费更多的钱之后，就真的能够买到"绿色、生态、环保"的健康食品吗？从目前的情况下，还是很难保证的，一是市场庞杂，二是监管体系不足，存在各种数据造假。但引入区块链技术后，便可以对整个供应链环节的各个阶段，包括原产地、原材料、生产、加工、配送和交付，实现从头到尾的跟踪与验证。

因此，当区块链技术得到真正的运用后，食品安全问题也就更容易得到解决了。打个比方，我们喝的每一罐牛奶，从奶牛的健康状况，到工厂包装，到运输过程，整个都被记录在区块链中，做到了全产业链的透明化，而且实时更新。同时，每一个透明的区块链都会由人工智能全程监督。一旦某一个环节出了一点问题，人工智能就会立即发出警报。

## （二）保护版权，杜绝盗版

目前，微信公众平台的"原创"功能，在保护版权这方面走出了重要一步，但这还远远不够。要想真正地保护版权，杜绝盗版，必须引入区块链技术。

在区块链的平台上，每一篇文章都会被区块链加密，用户可以免费阅读这些原创的文章，但如果要下载或转载，就必须向作者的账号付费才能下载。事实上，当全网络都区块链化了以后，盗版是一件非常困难的事情。因为用户想用作者的文字和图片盈利，就必须通过作者的授权。否则一旦用户将图片上传到网络上就会被区块链记录下来。以后追究责任的时候，这个盗版者通过盗版赚到的每一分钱，都能够被查到并追责。

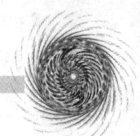

因此,区块链的普及,将彻底解决盗版的问题,而那些靠写作为生的自由撰稿人,完全可以靠自己的版权获得不错的收入。

### (三)杜绝投票舞弊

区块链技术通过不可逆的去中心化方式完成了真实的匿名记录,根本不需要手工填选票和计票,就可以完成极难破解的投票程序。这种改变,可以应用到任何选举甚至调查当中,而且投票人可以独家查看自己的投票情况。因此,区块链的运用,将彻底杜绝投票舞弊的行为。

### (四)杜绝证件造假

学历造假、结婚证造假、户口簿造假、驾驶证造假,是目前改不掉的顽疾。而区块链技术的普及,将让这些证件造假无所遁形,因为你的数据只要经过授权,就可以精准查到,但是想更改就很难了,所以那份造假的心思可以休矣。还有,将来你买一个名牌的包包,完全不必担心假货的问题,它身上所带的唯一密钥,可以很轻易追根溯源,表明它是不是原厂出品、真实产地等相关信息。

### (五)信用体系建设

区块链技术一旦成熟,公证处存在的意义就不大了,因为一个人的信用记录,一旦输入区块链就无从篡改。现实生活中,经常上新闻的遗产争夺、借钱不还、证明我妈是我妈等这些问题,都将不复存在。比如某某股份公司到底欠了债权人多少钱,执法机关通过区块链技术,就很容易证实各方说的是不是真的,不需要大量精力和长时间进行调查。

## （六）交易支付更安全

之前因为交易不信任问题，所以才有了支付宝，作为中介解决了交易支付中的信任问题。但是，区块链技术普及之后，交易双方的资金往来，完全可以实现点对点，快速完成，没有歧义。因为区块链的存在，谁都无法撒谎，更没有这么长的时间差。而且，将来的跨国交易也会变得更加方便，也更安全。当然，区块链技术的普通，也会让各种各样的中介逐渐消失，甚至连跨境的违法犯罪类型，也会逐渐减少。

总之，当区块链真正普及之后，造假的行为就可以基本杜绝了。到时候，我们的社会将更加公开、公平、公正。在这样的社会环境下生活，是不是非常美好呢？让我们拭目以待吧！

# 第八章

## 数字经济时代的文化传播

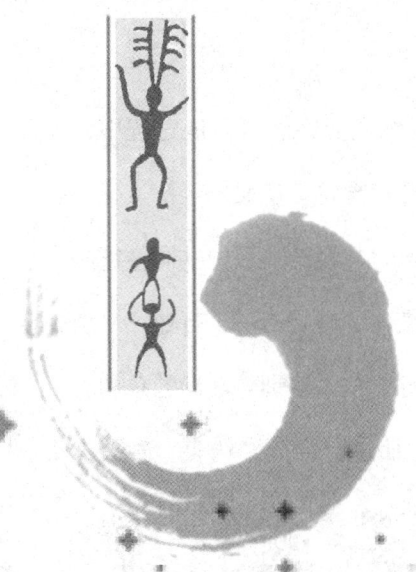

要实现由经济硬实力横向扩张的经济大国,向经济软实力纵向提升的经济强国转变,需要加强文化的传播和建设,这是一项打造大国经济的"灵魂工程"。因此,在数字经济时代,我们更应该借助信息的全面爆发,进行文化传播,因为从一个经济大国提升到一个经济强国,需要文化的助力。这就好比一个身家上千亿的商人,如果他没有文化,那么他再怎么有钱,在人们的眼里,他只是一个暴发户,甚至还是"野蛮人";而如果他在生意上获得成功的同时,能够不断提升自己的文化素养,那么他就不再只是一个暴发户,甚至不再只是一个商人,而是一个企业家。因此,一个暴发户和一个企业家的差别,甚至只是一样东西,那就是文化。同样的道理,衡量一个国家是发达国家还是发展中国家,不但要看这个国家的经济发展如何,更要看这个国家的人文素养到底怎么样。

# 一、经济文化的价值

经济文化指的是一个国家、一个地区或一个企业在经济发展过程中,形成的某种价值观念、历史传统、道德规范、生活信念等。广义的经济文化,一般是指一个国家或数个具有相似文化背景的国家,在经济发展中共同遵循的价值观和相应文化教育活动的总和;狭义的经济文化,则是指一个行业、一个企业的价值观念、道德规范、思想意识及文化教育、技术培训等活动的总和。

经济文化对经济发展在人类的精神世界方面进行导向、约束、凝聚、交流、激励、辐射等,具有极为重要的作用。具体而言,经济文化的作用包括

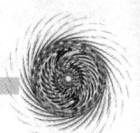

六个方面：第一，围绕经济发展目标，形成共谋经济发展的文化合力定式；第二，形成一定特色的经济文化规范体系，以约束人们从事经济活动的思想和行为；第三，培养人们对自己所处经济系统的认同感、使命感、自豪感、归属感，以形成强大的向心力；第四，树立共同理想和价值观念，体现集体的精神和力量；第五，激励人们发挥主动性、积极性、创造性，共同为经济系统的共同目标、共同理想做出贡献；第六，跨越企业、行业、部门、地区和国家进行纵横的传播。

经济与文化的关系，是灵魂和躯体的关系。经济是一个国家的躯体，文化是一个国家的灵魂。经济文化源于经济实践，反过来指导经济实践，最后又随着经济实践的发展而发展。没有经济文化的繁荣，高速发展的经济产业就不太完整，更会留下遗憾。经济文化并非点缀，而是随着经济产业发展的必然产物。因此，经济文化建设作为重要课题，被提到国家议事日程。未来在经济产品和服务不断创新与发展的基础上，将更多地依靠经济文化的广泛传播和多层渗透，以实现持久和强劲的发展态势。

实际上，经济与百姓的生活是息息相关的，影响范围也十分广泛，大至国家的发展战略，小至百姓的温饱问题。而经济文化，不但使国家的综合实力得到提升，也使老百姓的幸福指数得到提高。

从我们目前的经济发展情况来看，虽然势头很好，GDP连续保持增长，而且，拥有5000年历史的华夏，文化资源也相当丰厚；但是，经济与文化的结合，一直以来，却不尽如人意。以制造业为例，目前仍然是以简单的工业制造与加工为主体，缺乏自主品牌和知识产权，文化含量更是少之又少。因此有人说："中国充其量是个物质生产大国，如果在经济发展的同时，不能输出文化与思想，就无法从大国转变成强国。"这句话无疑是有道理的。

而要实现从经济大国到经济强国的转变,必须将经济与文化结合起来,在发展经济的同时,开发我国独有的丰富文化资源,要知道这是我们的祖先留下的最宝贵的精神财富,是文化经济取之不尽、用之不竭的新动能。

我们拥有5000年的人文资源,但这些资源已经积累下来,形成了文矿,如果不将其开采、提炼、转化和运用,是体现不出其价值的。而要想把文化价值转化为经济价值,首先要找到经济这个载体,然后要做好乘法。这样,文化在借助具体的产品去实现自己价值的同时,自然也帮助产品提升了品位。如此文化与产品的结合,可谓一举两得,甚至是一举三得。

比如,丝绸之路就是摆在我们眼前的活教材,是文化与经济结合的最好案例,也是中国文化伴随商业走向世界最成功的典范。可以说,丝绸之路的发展史,就是文化经济的发展史,也是中国文化走出去的文明互鉴史。如果说丝绸之路到达的地界,就是中国文化影响力的边界亦不为过,世界就是通过丝绸之路来认识中国的。

总之,只有魂体合一才能让文化变得更鲜活,才能让经济变得更高贵;只有把文化要素与经济高度融合,文化资源才能成为推动社会发展与历史进步的不竭动力;才能把我国的资源优势转化为经济优势,真正实现增长方式的转变和文化整体价值的套现。只有把文化与经济紧密结合才能促进供给侧结构性改革并满足人民日益增长的物质与精神需求,并体现出文化的溢出价值与教化价值;只有把先进文化和先进生产力相结合,才能形成强大的文化力,进而打造我国领跑世界的核心竞争力,在实现文化输出价值的同时,实现我国伟大的复兴之梦。

## 二、经济文化的基本内涵

改革开放以来,中国经济在不断的发展过程中,其管理水平、体制转轨、服务社会等"形而下"层面的进步,在"形而上"层面都映射着经济文化的影子。改革、发展、安全、管理、诚信、法治、服务、效率、和谐、幸福等这些形容词,已经成为中国经济文化的主题。

中国经济文化的基本内涵概括为"利、法、信、义、道"。发展经济,自然不讳言以盈利为目的,但"利"要以"法"为约束,要以"信"和"义"为前提,要以"道"为基础。在目标上体现为"利",在行为上体现为"法",在合作上体现为"信",在社会上体现为"义",而在这一切之上,则体现为"道"。

正所谓"君子爱财,取之有道"。其实,任何一位成功的企业家,都明白这样一个道理,那就是"小才通技,中才通策,大才通略,超才通道";而要想在竞争中胜出,也难逃这样一个规律,那就是"小胜靠力,中胜靠智,大胜靠德,全胜靠道"。而这里所说的"超才通道"和"全胜靠道"的"道",其实是一个意思。那么,什么是"道"呢?老子说"道可道,非常道",又说"人法地,地法天,天法道,道法自然"。可见,道实际上就是宇宙的规律,也就是大自然的现象。因此,一个有智慧的企业家,在经营企业的时候,他一定会遵循这种普遍的规律,而且尽量不破坏大自然生态,这也是我们中国文化中"天人合一"的智慧。

## 三、共享是数字经济发展的趋势

我国的经济发展,不管是招商引资,还是对外投资,都始终秉承开放、包容、合作、共赢的理念,不仅鼓励国外的企业走进来,对中国进行投资,也鼓励国内的企业走出去,对全球进行投资,与全球各地的企业进行深度合作,实现互惠互利。可以说,共享是我们国家未来发展的趋势,也是我们国家与世界共赢的模式。

### (一)边缘计算的便利

其实,进入数字经济时代后,不仅仅我们人类需要共享,所有的机器也需要共享,未来每一个器件都自带强大的算力。可以这样说,万物都是计算机,甚至包括土方工程挖掘机,也是计算机的一种。未来,一些临时组合式的机器集群区域,为解决同样的问题,可以相互共享和调用彼此的算力与数据,形成区域内最佳的协作成果。

举个例子:一辆汽车如果将所有的智能器件全部安装到车上,那么在理论上,这辆车是可以自动驾驶的,因为所有调用的数据和算力都是存储在车中,这种算力就算是边缘计算的一个颗粒。比如,特斯拉汽车公司和太空探索技术公司创始人埃隆·马斯克就宣布为自动驾驶研发的一款高性能的计算机,1秒钟能够做36万亿次浮点运算。这意味着汽车在行进过程中,每秒能够处理几千张高精度图像,这种计算性能已经能够保证汽车在脱离网络的时候还能

够进行自动驾驶。

但是,所有驾驶员也都知道,当你驾驶一辆车在公路上行驶时,即使你的驾驶技术十分娴熟,而且在行驶的过程中,也严格遵守各项交规,也无法保证百分之百的安全,因为就算你保证不撞到别人,也无法保证别人不撞你。比如,当你在路口等红绿灯时,如果后面的车没有刹住,就把你的车撞了。当然,在这种情况下,一些有经验的驾驶员,会通过后视镜观察到后面的车,一旦发现对方没有减速的迹象,可以在确保前面安全的情况下闯红灯,从而躲过被追尾。但有一种情况,你是无论如何也躲不掉的,那就是在前面已经堵车的情况下,你把车刹住了,后面的车却没刹住,事故就不可避免地发生了。而要解决这千万分之一的问题,就需要一种边缘计算集群的办法。也就是说,追求单个的安全,不如集群追求一种总体的安全。未来,在5G网络的覆盖下,在路上行驶的车辆,可以自己形成一个安全网络,相互保持行驶的安全性。比如,距离靠近的车都是相互交换安全数据协同行动的。这就大大降低了发生事故的可能性。边缘计算设备和5G网络覆盖与未曾覆盖的区域,能够形成一个随时离合性的工作状态。边缘计算也是在5G没有全面覆盖之前的一种重要的计算形式。

人工智能和边缘计算的结合,使得本地化处理大量数据成为可能,单车安全和多车临时安全组网能力,可以使得各种运输设施更加安全,这其实还是机器和机器之间的共享问题。而我们举自动驾驶的例子,只是为了说明机器和机器之间是如何用边缘计算进行相互配合的。

5G时代到来之后,制造业和城市物流业内有大量的物料移动作业,这些智能机器和运输传送系统有大有小,不可能每一个智能机器都和自动驾驶汽车

一样"装备齐全",每一个智能机器也不可能有汽车这种独立强大的算力系统。因而5G+边缘计算是很好的解决方案。

假如一家饭店有三个外卖小哥型机器人,那么若干个饭店有很多外卖机器人集群,它们相互之间可以在区域内协同而达到最佳的工作效率。中国餐饮行业在云中收集了大量的数据之后,需要开发出属于自己行业特点的AI芯片来驱动机器协作。如果中国有2200类工业企业,那么就会有2200种不同的AI芯片驱动的计算机。每一个AI芯片都是一个智能社会的神经元和数据节点。

中小企业在消费领域会有很多作为,边缘计算和5G网络的结合能够为很多小企业赋能。消费和技术因素的结合创造了一系列更为复杂的驱动因素,这些驱动因素在行业和地理上的差异很大。一般说来,推动企业走向边缘网络的三大驱动因素如下:一是不断变化的消费者和商业预期,以及数据使用情况,新兴技术的发展,特别是在网络、处理、软件和协议领域,使边缘计算成为可能;二是边缘处理的应用程序,如整合物联网设备数据的机会、更高的网络处理和传输效率、更低的延迟,进而提供了更好的客户体验和数据安全性;三是边缘计算是一次性投入,运行成本很低。

因此,以下几大行业中的企业将能够从边缘计算中受益。

第一,智能城市。边缘计算可以广泛应用于智能社区或城市。随着传感器和信息源的不断增加(交通系统、医疗系统、公用服务事业和安保计划),在中央位置存储和分析数据已经变得不太可行。

边缘计算还可以减少社区服务中的延迟,例如针对医疗紧急情况、执法、交通模式和公共交通等的处理。其还考虑到了地理精度,因此能够将特定街

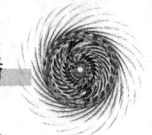

道、街区或郊区相关的信息与该地区的用户即时共享。这些应用程序和技术将最终确定边缘是否从交通系统传感器和路灯延伸到数据中心的泵、涡轮机和其他传统上不相连的实用设备。

在发生自然灾害时，智能城市边缘网络将如何收集和分发信息？如何利用智慧城市及边缘技术来传递与缓解水和汽油等资源对供应链的影响？边缘计算能力可以自动产生最佳的解决方案，协同人财物解决问题。城市的运行效率就会大大提高。

第二，智能商业和公共交通运输业。边缘计算已经为商业和公共交通运输业执行了许多方面的功能了。对于诸如飞机、轮船和宇宙飞船等复杂的飞行器来说，在边缘的加速处理需求和边缘计算、分析意味着只传输最为重要的信息以便进一步分析；大部分是本地存储的。边缘技术允许交通和环境传感器处理并提供最相关的信息给车辆，包括自驾车。边缘网络的第二大功能是其信息性：将本地数据模式提供给更广泛的网络系统，以提高交通运输的效率和安全性。智能交通系统也是智慧城市发展的自然部分。

第三，在智能家居领域的应用。一些数据中心的原始设备制造商声称，在美国，每个家庭都将很快成为自己的数据中心，而这一说法正在逐渐成为现实。然而，边缘计算将智能家居系统与核心生产中心联系起来，而不是在数据走向边缘时创建独立的数据中心。故而围绕着"批量发送"与实时连接设备在智能家居中的作用还将继续讨论和发展。

第四，无人驾驶汽车、飞机和遥控机械。根据著名的硅谷风投公司安德森·霍洛维茨基金合伙人兼斯坦福大学商学院教授彼得·列文尼的观点，关于边缘技术，最为出名的例子可能是无人自动驾驶汽车，估计需要200个以上的CPU（中央处理器），并且是"车轮上的数据中心"。自动驾驶汽车可以

处理实时视频和照片,根据数据输入实时的状况立即作出决定。他们强调需要通过智能交通网络来共享协作信息。这一概念还可以扩展到农业、采矿业、石油和天然气等行业的无人机,这些行业必须对收集到的数据进行实时反映和处理。

第五,媒体和其他内容。CDN(Content Delivery Network,内容分发网络,是一种新型网络构建方式)已经使内容更贴近用户,而边缘计算是为用户提供额外操作应用程序的合乎逻辑的下一步。他们还将参与未来的内容交付,使供应商能够扩大地理覆盖范围,并最大限度地提高交付网络的效率,特别是在引入更多增值和交互式服务的情况下。

第六,制造业和工业4.0。机器人、人工智能和机器学习已经被许多工业企业所采用,所有这些都是边缘计算的最佳使用案例。

制造业边缘计算的指导原则是将生产简化为从需求到生产、交付和消费的标准过程。这方面将需要边缘计算所提供的各个位置的数据源之间的确切类型的协作。工业物联网通过预测性的维护,提高安全性和其他运营效率,不断提高效率,降低成本。从本质上看,边缘计算实际上就是数字经济时代的数据共享。

## (二)建立"人类命运共同体"

进入信息时代后,中国人所要做的事情和过去不同,现在主要思考的问题是创立新的结构,以及建立新的可持续的发展框架,寻求有机增长,而不再是简单的叠加式发展模式。

中国在开放式创新的过程中,即使抱有一颗赤子之心,但面对外界的误解和烦恼也不会少。在改革开放之初,有一句让人印象十分深刻的话:"中国发展建立在全世界一切优秀的文化发展成果之上。"现在想来,这句话的意思,

第八章　数字经济时代的文化传播

实际上说中国的改革,就是开放式创新。

既然要走创新之路,就一定要开放,而要开放,就要有发散性思维,要有全局观。因此,从逻辑上来讲,我们现在提出的"人类命运共同体"这个概念,虽然很多人对这句话并不陌生,但不一定理解这个概念背后的深刻意义。只有入心入脑,才能成为自然而然的发展观。其实,一个好的观念,可以向未来释放能量,这个能量体系可以是500年,也可以是1000年,当这个观念成为大部分人共识的时候,才会成为现实。当然,另一个现实是,中国人已经有几百年没有做过全局性观念引领的事情了。

正所谓"人间正道是沧桑",合作、共享、共赢的事情,遇到的阻碍可能是最多的,因为这毕竟是对弱者进行扶持的同时,向霸权主义挑战。而那些原来凡事以自己为优先的国家,因为习惯了自己的主导地位,所以对于中国的开放合作姿态,一时半会儿是无法理解的。而这种误解,在短时间内也是无法化解的,可能需要几代人的共同努力,在我们实现全面复兴的时候,这种误解才会彻底消散。

其实,开放式创新和开放式竞争在某种程度上是同一个意思:中国必须参与全球竞争。进入数字经济时代后,这个机会就更明显了,同时意味着中国人开始拥有建造"全球共享性工作平台"的潜力。当然,改变的路途是漫长的,即使在信息随手可得的今天,我们依然会遇到不同文化之间的冲突。这些冲突是高于市场本身的,在文化惯性的范畴中。

经济学家亚当·斯密(Adam Smith)曾说:"一个事业若对社会有益,就应当任其自由,广其竞争,竞争越自由、越普遍,那事业就越有利于社会。"这句话放在经济全球化深入发展的今天,也依然具有指导意义。但是,在科技领域,目前仍然引领全球科技发展的美国,却高举技术霸权的旗帜,以各种方

式打压其他国家的科技发展，以"只许自己强大，不许别人进步"的心态挤压国际合作空间。

从目前的情况来看，美国打压中国的方式主要有两种：一是防止技术尤其是高端技术出口至中国；二是防止中国企业进军西方市场尤其是高科技市场。新加坡国立大学东亚研究所所长郑永年说："西方总是把技术进出口置于西方'国家安全'的概念构架中去认知和讨论，明显表明西方把经济和国家安全绑在一起。一旦冷战爆发，西方在这方面的动作会更大。尽管中国发展到今天这个水平，西方怎么做都难以围堵和阻止中国崛起，但必然会拖延中国崛起的时间。"

目前，世界主流媒体都对这场技术冷战表示担忧，认为它很可能"将世界分成两个经济阵营"。为此，有专家提出要尽量避免中美发生"科技冷战"。《悉尼先驱晨报》表明，"我们不想要一个分裂的世界"，"在那个世界中你我被迫选择A队或B队"。

英国《卫报》表示，随着英特尔、高通等企业拒绝与华为合作，中美之间的贸易争端很可能发展为一场全面的科技冷战。

此外，中国的人工智能、无人机系统等也让美国警觉。美国国土安全部就告知美国企业，中国的无人机会破坏美国企业数据，并敦促美国企业"了解无人机系统数据是否被供应商或其他第三方存储"。

俄罗斯科学院安全问题研究中心专家康斯坦丁·布洛欣说："对于美国政府而言，遏制中国的高科技发展是优先任务之一。因为在经济上制约中国相当有难度，在军事政治领域也是如此（可能产生不可预测的后果）。因此，美国打算阻碍中国的高科技发展。"

其实，美国百年兴国的秘诀，就是开放式创新。对于中国人来说，一个

重要的历史课题,就是避开美国最后的锋芒。正如巨型恒星在进入生命晚期的时候,会变成红巨星,并出现猛烈的喷发。这可能是摆在中国人面前长达50年的逆境。进入数字经济时代后,是中国发展进入奔跑并超越的时代,这个时代不是3年或5年,很可能是30年或50年,因而在战略上,我们一定要有足够的耐心:既然时间在中国这一边,就不要怕路途遥远。很多在短期内遇到的战术问题,都不必过于计较。

在整个人类史上,美国是一个很特殊的国家,美国的繁荣其实建立在亚欧大陆相对不强大、被分化、持续人才收割和持续金融收割的基础之上。因此,"人类命运共同体"虽然符合全球几十亿人的根本利益,但在短期内和美国的战略利益,却是有一定冲突的。

在未来的30年到50年,将是人类历史分合的一个专注点,全世界将与合的量化和分化的力量进行一场时间竞赛,而其中的关键就在于谁能够做发展引领,给几十亿人提供一种可持续的环境和更好的发展道路。

现在,很多人对于国内环保体系的严格监管进程不太理解,但只要将这件事情放在更大的地理环境中去思考,就会有自己的答案。

中国企业家也是很清醒的,在清晰化和未来战略大方向的分别上,他们认识得非常清楚。任何技术霸权都是有碍于人类总体技术进步的,无论是美国还是中国,都不应该执着于掌控技术霸权。

其实,对于全球进入技术冷战时代,很多人还是有战略预期的。比如澳大利亚财政部副部长梅根·奎因说:"技术战争和贸易战争是绝对有可能发生的——显然我们已经看到了,但这不是未来的唯一道路,我们有责任确保它不会完全偏离轨道。"

当前,面对西方国家挑起的技术冷战,我们唯有放弃不切实际的幻想,

才是最好的出路。只有这样,我们才能从最坏处去思考,从最好处去努力。这需要我们养成一种思维方式,而不仅仅是一种权宜之策。

总之,不管未来的路有多难走,我们都应该保持乐观的态度,并相信在强大的中国文化基因的加持下,一定能够实现伟大的复兴,并在全球建立起牢不可破的"人类命运共同体"。

# 参考文献

[1] 刘世锦. 读懂"十四五": 新发展格局下的改革议程 [M]. 北京: 中信出版集团, 2021.

[2] [加] 唐·泰普斯科特, [加] 亚力克斯·塔普斯科特著. 凯尔, 孙铭, 周沁园译, 区块链革命: 比特币底层技术如何改变货币、商业和世界 [M]. 北京: 中信出版集团, 2016.

[3] [美] 达尔·尼夫. 数字经济2.0: 引爆大数据生态红利 [M]. 大数据文摘翻译组译. 北京: 中国人民大学出版社, 2018.

[4] 韦青. 万物重构: 智能社会来临前夜的思索 [M]. 北京: 新华出版社, 2018.

[5] [加] 唐·泰普斯科特. 数据时代的经济学 [M]. 毕崇毅译. 北京: 机械工业出版社, 2016.

[6] 谭梦. 管理进化简史 [M]. 北京: 中国商业出版社, 2020.

[7] 乔纳森·马米兰. 未来银行 [M]. 陈学斌, 刘彤译. 北京: 中信出版社, 2020.

[8] [美] 布雷特·金恩. 银行4.0: 金融常在, 银行不再? [M]. 孙一仕, 周鞾英, 林凯雄编译. 中国台湾: 台湾金融研训院, 2018.

[9] [美] 斯蒂芬·P.罗宾斯, [美] 玛丽·库尔特著. 黄卫伟等译, 管理学 (第四版) [M]. 北京: 中国人民大学出版社, 1997.

[10] 姚建明.数字经济规划指南[M].北京：经济日报出版社，2020.

[11] 张世珍.数字经济面临的治理挑战及应对[N].光明日报，2021.

[12] 邵培仁.论人类传播史上的五次革命[J].中国广播电视学刊，1996.

[13] 陈海权.加快推进现代流通体系建设中国社会科学网[J].中国社会科学报，2020.

[14] 陈涛.以数字赋能现代流通体系建设[N].经济参考报，2020.

[15] 卫兴华.科学把握生产力与生产关系研究中的唯物史观——兼评"生产关系决定生产力论"和"唯生产力标准论"[N].清华政治经济学报，2014年(2).

[16] 无纸化办公这次可能真的要来了.腾讯科技[J/OL].2016.

[17] 荆林波，王雪峰.我国流通业现状、未来趋势与对策分析[C].中国流通经济，2012.

[18] 张相洲.管理控制论[D].东北财经大学博士论文，2003.

[19] 金雪军.数字经济时代社会治理面临的挑战与机遇[C].浙江大学公共政策研究院，2020.

[20] 曹德旺.心若菩提[M].北京：人民出版社，2020.

## 感　谢

感谢我的父母、爱人及所有亲友，谢谢你们的厚爱！

感谢我的老师、朋友、领导、学员、同事，谢谢你们的教育和支持！

感谢我的合作者给予本书的支持、赞助。

并同你们一起祝贺人类新时代的诞生！

笔者

2021 年 5 月 25 日于北京